L'ÉRUDITION

COMPLETTE.

PAR

M. LE BARON DE BIELFELD.

L'ÉRUDITION UNIVERSELLE,

OU
ANALYSE ABRÉGÉE

DE TOUTES LES SCIENCES,
DES BEAUX-ARTS
ET DES BELLES-LETTRES.

Par M. le Baron de Bielfeld.

TOME PREMIER,

Qui traite des Sciences qui occupent
l'Esprit.

Indocti discant, & ament meminisse periti.

A BERLIN.

M. DCC. LXVIII.

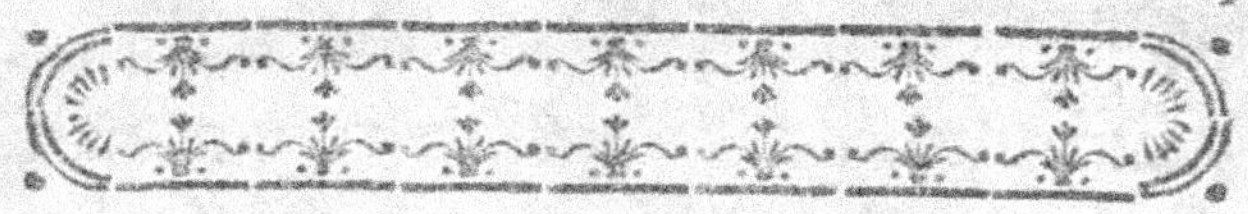

A LA JEUNESSE
STUDIEUSE.

OBLIGER le Public, c'eſt, dit-on, n'obliger perſonne en particulier. Tout Auteur dont la plume eſt guidée par l'intérêt, l'ambition, ou la politique, peut tenir ce langage, & dédier ſon Livre à Auguſte ou Mécene. Quant à moi

Les ſublimes projets ne me touchent plus guere.

Après cinq luſtres de travaux dans le grand monde, je reconnois que tout eſt vanité, & qu'à une certaine époque de la vie, le

Tome I.   a

plus grand bonheur où l'homme raisonnable puisse aspirer, consiste à vivre pour soi, pour quelques vrais amis, pour les muses, & pour les plaisirs tranquilles.

Deus nobis hæc otia fecit !

Une retraite charmante m'a fait trouver cette félicité sur la terre. Mais ma solitude ne me brouille pas avec le genre-humain. Je n'ai pas appris dans la société des premiers mortels à les haïr, ni à ne leur trouver que des vices & des défauts. Au contraire, si je vaux quelque chose, c'est à leurs vertus, à leurs lumieres, à leur politesse que j'en suis redevable. Sous mon rustique toit j'admire encore dans un silence respectueux de vrais Sages sur le trône, je vois des Princes d'un sang illustre

se signaler par leur grandeur d'a-
me, autant que par leurs actions
héroïques, des Ministres éclairés
& integres, des Généraux pleins
de valeur, de prudence & d'humanité. Malgré les clameurs de
quelques Théologiens atrabilai-
res, & les cris des Philosophes
chagrins, le XVIIIᵉ. siecle, plus
fécond en événemens que tous
les précédens, brillera aussi dans
l'histoire par la douceur des mœurs,
par des découvertes importantes,
par des inventions perfectionnées,
par l'estime des Souverains pour
les Arts & les Sciences, & par
les succès les plus heureux de ceux
qui les cultivent.

Serai-je blâmable, si pour rendre ma satisfaction complette je
cherche à concourir à leurs travaux utiles, à leur but si glorieux,
& si j'y consacre quelques instans

de mon loisir champêtre ? Serai-je blâmable, si placé entre deux époques, dont l'une m'a donné la vie, & dont l'autre me donnera la mort, je tâche d'en remplir l'intervalle par une occupation utile à la jeuneffe, qui paroîtra fur la fcene du monde après nous ; fi non content de naître, de végeter & de mourir, je cherche à laiffer après moi des traces de mon exiftence, un bien qui foit véritablement à moi, & qui me fuive jufques dans la tombe ?

Jeuneffe ftudieufe, ne me payez pas d'ingratitude. Ne m'accufez pas de préfomption ; ne croyez point que j'envifage cet ouvrage comme un chef-d'œuvre de l'efprit humain, qui faffe des prétentions à l'immortalité. Non, je n'afpire qu'à vous offrir un Livre utile. Si vous en faites entrelacer les feuilles de papier blanc , si vous le lisez souvent , si vous y marquez toutes les Observations que vous ferez pendant le cours de vos études sur chaque matiere , il est impossible que vous ne deveniez savans.

Hommes faits , vieillards érudits , parcourez quelquefois ce petit Traité pour vous rappeller les sciences. C'est à vous seuls que je permets , c'est vous que je supplie de corriger mes fautes , de rectifier mes inadvertences , & de remplir ce que je puis avoir oublié ou ignoré. La carriere que je me suis proposée étoit trop vaste pour un seul homme , retiré à la campagne , sans le secours d'une immense Bibliotheque, ou de quelques doctes amis. Lorsque je formai le projet d'écrire cet Abrégé, je n'en croyois pas l'étendue si considérable, ni les matériaux si abondans. En travaillant je me suis trouvé semblable à ceux qui déménagent, & qui ne peuvent revenir de leur étonnement de se voir si riches en meubles. Après avoir achevé ; après avoir rangé chaque piece à sa place, je me suis apperçu qu'il m'en manquoit encore par-tout. Mais en corrigeant ou en amplifiant cet ouvrage, ne me découragez point par des censures impolies. Rappellez-vous la judicieuse réflexion du Comte de Buckingham,

Humanum est nescire & errare.

Et n'oubliez jamais qu'une critique amere, outrageante, est toujours fade, & indigne de l'honnête homme.

Je reviens à vous, Jeunesse que

les Muses appellent encore dans leur temple, & que je cherche à guider sur la route qui y conduit. Il est nécessaire que vous connoissiez tout le systême de l'Erudition universelle ; mais comme la nature ne produit pas souvent un Leibnitz, & qu'il est rare de trouver dans le monde un esprit universel, suivez mes conseils, choisissez entre les sciences que je vous présente ici, quelques - unes pour vous y appliquer par préférence, & faites les derniers efforts pour *exceller*, ne fût-ce que dans une seule. Les forces s'augmentent à proportion qu'elles sont concentrées, & s'affoiblissent à mesure qu'elles s'étendent.

Dieu veuille bénir mes intentions ! Elles sont pures. On seme peu pour recueillir beaucoup. Je jette en terre une simple poignée de graine de science. Puissiez-vous par la bénédiction du Ciel en faire une ample récolte ! Si la Providence prolonge ma carriere & mes loisirs, j'emploierai le reste de ma vie à retoucher & à augmenter cet ouvrage. Peut-être dirai-je avec Apelle,

> *Nulla dies fine linea.*

Mais furement je ne tracerai point de ligne qui ne vous foit confacrée ; car mon cœur vous chérit.

L'ÉRUDITION

L'ÉRUDITION

COMPLETTE.

****

PENSÉES

Sur l'Érudition en général, pour servir d'introduction à tout l'Ouvrage.

§. I.

DANS le sens le plus étendu, on entend par le mot d'ÉRU-DITION *la connoissance de toutes les choses possibles.* Cette définition, quoique vague, ne laisse pas que d'être très-juste. Plus les connoissances d'un homme sont multipliées, plus il est érudit. L'Écriture même, pour nous donner une idée du savoir de Salomon, dit qu'il connoissoit depuis le

Tome I.   A

cedre jufqu'à l'hyfope. Tous les arts utiles, tous les métiers, toutes les fciences frivoles mêmes, font donc compris fous cette idée générale de l'érudition.

§. II. Nous ne portons pas nos vues fur un champ auffi vafte. Nous comprenons dans l'efprit de cet Ouvrage, par le mot d'érudition, *la réunion de toutes les Sciences & des Arts libéraux*, & nous nous propofons d'en faire une courte mais fuccinte analyfe. La multitude d'objets qui s'offrent ici à nos recherches, ne laiffera pas que de nous engager dans un travail d'autant plus confidérable, qu'il faut étudier une fcience dans fa plus grande étendue pour pouvoir en donner le précis.

§. III. Nous n'ignorons pas les noms refpectables de ceux qui nous ont précédés dans cette carriere. Bien loin d'en être découragés, nous avons fenti une émulation piquante pour atteindre le même but où tendoient ces illuftres rivaux. C'eft au Public à couronner nos communs efforts par fon approbation. Nous n'afpirons à lui plaire préférablement que par notre zele & par l'utilité de notre entreprife. Nous nous rappelons bien d'avoir lu d'excellens livres qui enfeignent la route qu'il faut tenir pour apprendre les Belles - Lettres ou quelques fciences particulieres, mais nous ne connoiſſons pas de ſyſtême complet qui les embraſſe toutes, & qui les préſente dans un ordre régulier, ſous un ſeul point de vue.

§. IV. On conçoit aiſément que l'analyſe de chaque ſcience ne pourra être que fort courte. Il en coûtera quelque peine pour concentrer nos idées. Les étendre ſeroit ſans doute moins difficile & plus brillant. Mais nous cherchons moins à briller qu'à inſtruire, & pour inſtruire avec fruit, il faut, je penſe, de la conciſion. Notre mémoire a ſes bornes; elle n'eſt guere capable de retenir ce qui eſt trop volumineux. C'eſt par la même raiſon que nous n'oſerions parſemer cet ouvrage de beaucoup de réflexions, ni l'orner des agrémens du ſtyle. Il faudroit une main plus adroite que la nôtre pour dérober à Vénus ſa ceinture & en parer ici Minerve. Trop heureux ſi nous pouvons faire cueillir à nos lecteurs quelques roſes au milieu des épines dont les ſciences, & ſur-tout les ſciences abſtraites, ſont hériſſées!

§. V. Le premier embarras que nous trouvons ſous nos pas conſiſte dans l'arrangement même de notre ſyſtéme. Pour débrouiller ce chaos de l'érudition univerſelle, il eſt indiſpenſable de ſuivre un ordre régulier dans le développement,

& de ranger chaque connoiſſance humaine dans la claſſe à laquelle elle appartient naturellement. Cette diviſion rencontre quelques difficultés parmi les Savans. Les uns ont partagé les ſciences en *néceſſaires*, *utiles*, *agréables* & *frivoles*. Sous l'idée des néceſſaires, ils ont compris, par exemple, la Théologie, la Médecine & la Juriſprudence ; ſous celle des utiles, l'Hiſtoire, les diverſes parties de la Philoſophie, les Mathématiques ; ſous celle des ſciences agréables, la Poëſie, l'Éloquence, & les beaux Arts en général ; & ſous celle des frivoles enfin, l'Aſtrologie, l'Alchimie, la Chiromancie & ainſi du reſte. Quelque naturelle que paroiſſe cette diviſion, nous n'en ſommes pas entiérement ſatisfaits, & nous n'avons pu nous déterminer à la ſuivre. L'étude d'une ſcience qui paroît frivole aux uns, peut devenir ou agréable, ou utile, ou même néceſſaire à d'autres. Les limites des degrés d'utilité dans les connoiſſances humaines ne ſont pas également marquées pour tout le monde : ce ſont des nuances qui ſe confondent. Chacun croit d'ailleurs ſa ſcience favorite la plus agréable, & la plus utile. Nous ne voulons pas nous ériger en dictateurs du Parnaſſe, y aſſigner les places, & faire naître des diſputes de rang.

§. VI. D'autres ont divisé l'Erudition générale en trois parties ; comprenant dans la premiere les *langues* & les *humanités* ; dans la seconde, les *sciences préparatoires*, comme la Philosophie, l'Histoire, &c. & dans la troisieme, les *sciences* qu'ils appellent *supérieures*, savoir, la Théologie, la Jurisprudence & la Médecine que les Professeurs enseignent aux Universités dans leurs chaires. Ce second arrangement nous plait encore moins. Il n'offre point de divisions claires, distinctes, tranchantes.

§. VII. D'autres encore ont partagé les sciences sur les différens degrés de certitude dont ils les ont cru susceptibles. Ils supposent qu'il y a trois degrés de certitude dans les sciences en général. 1°. La *certitude Mathématique* ou démonstrative ; 2°. la *certitude Philosophique* qui donne une évidence bornée par les limites de l'esprit humain ; & 3°. la *certitude Historique* qui se fonde sur des témoignages authentiques & sur des rapports dignes de foi. Ces trois degrés de certitudes sont très-réels, & l'on doit s'en souvenir soigneusement dans l'examen que l'on fait de chaque science : cependant nous n'avons pas cru devoir suivre cette division dans l'arrangement de notre système, parce qu'elle pourroit renverfer l'ordre des chofes une fois établi dans la République des Lettres. C'eft une obfervation digne de remarque, que les fciences préparatoires font fufceptibles d'un plus grand degré d'évidence que les fciences même qu'on nomme fupérieures. Les Mathématiques, par exemple, la Phyfique, l'Anatomie font fondées fur des démonftrations : elles conduifent à l'étude de la Médecine, qui eft enveloppée de nuages, & dont la certitude eft fort problématique. La morale, le droit naturel & quelques autres fciences font préparatoires à la Jurifprudence. Les premieres fe fondent fur des preuves tirées d'un raifonnement philofophique, & acquierent par-là un grand degré de vérité : la feconde n'a pour principe que le caprice des légiflateurs, dont les lois fe contredifent à chaque inftant, & par conféquent on peut à peine lui accorder la certitude hiftorique. Il en eft de même de la Théologie, qui fe fonde fur la révélation, & celle-ci fur la foi & la certitude hiftorique. Les dogmatiques ou théories de la Théologie fe contredifent d'ailleurs l'une l'autre dans les différentes religions ou fectes qui partagent ou qui ont partagé l'univers, & chacun prétend que la fienne foit la vraie. Les guides

en un mot, qui conduifent au fanctuaire
de la vérité font plus furs que le fanctuaire même. Il auroit donc fallu faire
defcendre quelques difciplines du rang
qu'elles ont occupé jufqu'ici, en fuivant
cette divifion, & l'on ne veut dégrader
aucune fcience, perfuadé qu'elles ont
toutes leur mérite & leur utilité dans le
monde, & qu'elles font refpectables.

§. VIII. La divifion de l'érudition en
Sciences & *Belles-Lettres* ne feroit pas
intelligible dans toutes les langues. Les
Auteurs françois mêmes ne font pas
d'accord fur les fciences qu'ils comprennent fous le nom de Belles-Lettres. Les
uns appellent Belles-Lettres la connoiffance des Poëtes & des Orateurs. D'autres ont foutenu que les vraies Belles-
Lettres font la Phyfique, la Géométrie
& les fciences folides. M. Rollin, dans
fa maniere de les étudier, en a fait un
étrange chaos. Il y introduit tout ce qui
lui eft venu dans l'efprit, ou tout ce
qu'il favoit, l'Hiftoire fainte & profane,
une longue differtation fur le goût de
la folide gloire & de la véritable grandeur & quantité de chofes pareilles,
qui femblent y être fort étrangeres. Ce
n'eft donc pas là un fyftême à fuivre.
Il faut offrir des idées plus diftinctes, &
des notions plus claires aux lecteurs.

§. IX. Quand on réfléchit fur la nature de notre ame, on croit y démêler trois facultés diftinctes l'une de l'autre, indépendamment du fentiment & de la volonté, qui n'entrent ici pour rien. Ces facultés font *l'efprit, le génie & la mémoire.* L'efprit examine, difcerne, juge, réfléchit. Le génie, crée, produit, invente. La mémoire retient & rend ce qu'elle a retenu. Toutes les fciences, tous les arts, femblent appartenir à l'une ou à l'autre de ces trois facultés. C'eft ce qui nous engage à les ranger en trois claffes. Ce traité fera donc partagé en trois Livres.

> *Le premier contiendra les fciences qui occupent l'efprit.*
> *Le fecond les fciences qui prennent leur fource dans le génie.*
> *Et le troifieme les fciences qui exercent la mémoire.*

§. X. Nous confacrerons un chapitre à chaque fcience en particulier ; & pour mettre encore plus d'ordre dans cet ouvrage, pour le rendre enfin plus propre à graver des traces profondes & marquées dans la mémoire, nous partagerons les chapitres en paragraphes, en deftinant à chaque objet principal qu'une science ou doctrine embrasse, un paragraphe particulier. Les rubriques marginales serviront encore à trouver & à retenir les matieres avec facilité. Cette méthode nous paroît la meilleure dans des ouvrages scientifiques, qui traitent de tant d'objets divers.

§. XI. L'assemblage de diverses sciences particulieres forme quelquefois une science supérieure ou générale. La Théologie, par exemple, est un composé de plusieurs doctrines, dont les unes sont du ressort de l'esprit, d'autres du génie, & d'autres de la mémoire. Comme chaque science particuliere se trouvera rangée ici dans la classe à laquelle elle appartient, nous nous contenterons d'indiquer simplement au chapitre de la Théologie quelles sont les sciences qui en font partie; & celui qui en voudra faire l'étude, pourra les chercher chacune à la place qui lui convient naturellement; la Religion naturelle parmi les sciences Philosophiques, l'Homélie dans la partie qui contient les sciences de génie, l'Histoire sainte dans celle qui traite des sciences de mémoire, & ainsi de toutes les autres.

§. XII. On ne croira pas, j'espere, que nous soyons d'opinion que chaque science, chaque art n'occupe à certains

égards toutes les trois facultés de l'ame,
& que pour être, par exemple, bon
orateur, il ne faille, outre le génie,
encore de l'esprit & de la mémoire.
Nous sommes fort éloignés d'une semblable erreur; mais on suppose ici avec
raison, que le génie est le premier principe de l'éloquence, que la mémoire lui
offre les images, & que le discernement
les examine & les trie. Ces deux facultés y concourent donc à la vérité, mais
ce n'est qu'accessoirement; & voilà pourquoi on a rangé l'éloquence & les sciences qui en dépendent, dans la classe du
génie.

§. XIII. Pour réussir dans une science
quelconque, il faut du goût, sans quoi
on devient sec, aride, pédantesque &
désagréable avec tout le savoir du monde. Ce goût est à la vérité un don de
la nature, qui consiste dans un coup
d'œil heureux, dans un tact fin & sub-
til, sur les rapports exacts, sur les pro-
portions justes & les attributs convenables à chaque objet. Tout le monde n'a
pas reçu ce présent du ciel; mais tous
ceux qui cultivent les sciences doivent
agir comme s'ils l'avoient en partage,
ou comme s'ils pouvoient l'obtenir
à force de réflexion & d'étude. Car
il est très - vrai qu'on peut se former

le goût & perfectionner celui que l'on poſſede.

§. XIV. Nous ne diſons plus qu'un mot ſur le titre de cet ouvrage. Il nous a embarraſſés. On auroit pu le nommer *la Science Univerſelle*, ſi l'on n'avoit craint que cette expreſſion ne fût trop faſtueuſe. Si l'on eût fait entrer le mot *d'Encyclopédie* ou *encyclopédique* dans ce titre, on auroit pu s'imaginer que nous vouluſſions empiéter ſur les travaux d'autres Auteurs très-reſpectables, ou marcher ſur leurs briſées. Le vrai nous a donc ſervi de guide, & nous croyons qu'en nommant cet ouvrage, *les premiers traits de l'Érudition univerſelle*, nous déſignons ſans oſtentation ce qu'il renferme, & que ce titre répond au moins à l'idée du livre. Toutes les fois que nous entrons dans une bibliotheque, nous y voyons les planches plier ſous le fardeau de pluſieurs milliers de volumes ; quand nous conſidérons la vie d'un homme de lettres, nous obſervons qu'il a lu l'équivalent de pluſieurs centaines *d'In-folio*. Que ſeroit-ce, comme nous le dirons plus bas, ſi une compagnie de douze ſavans habiles s'aſſocioient pour étendre l'idée de ce petit ouvrage, pour le porter, par exemple, à douze volumes *in-4º*. & pour y traiter toutes les sciences dans un plus grand détail ? Ne croit-on pas que l'étude d'un pareil livre pourroit faire un homme érudit, & épargner à la jeunesse studieuse beaucoup de peines, de travaux, d'étude infructueuse & de dépenses ? Nous ne traçons ici que les premieres lignes, nous ne donnons que la simple idée d'un pareil ouvrage.

§.XV. On nous permettra encore une remarque. Elle paroît essentielle. Les grands génies n'ont presque pas besoin d'un système, ni même d'une grande instruction pour apprendre les sciences. Il ne leur faut que l'étude des langues & deux bons yeux pour pouvoir lire. Le reste se forme dans leur tête, & ils vont toujours plus loin que ceux qui ont appris pour ainsi dire ces sciences par cœur. Les premiers acquierent leur savoir par le raisonnement, les seconds par la mémoire. Ceux-là s'accoutument à réfléchir, ceux-ci ne pensent que d'après leurs Maîtres ou leurs Professeurs. Les connoissances viennent trouver les uns dans leur cabinet, les autres vont chercher les connoissances dans les écoles & dans les universités. Ils ne les y trouvent pas même toujours. Mais les gens d'esprit sont rares, & parmi les gens d'esprit, les grands génies sont encore plus rares,

En attendant il faut que tout le monde
vive & qu'il y ait beaucoup de gens de
lettres dans la société. Plufieurs íciences
y font devenues des métiers, des pro-
feffions. C'eft en faveur de ceux qui s'y
vouent par état, qu'on écrit des fyftêmes & des théories. C'eft pour les guider chacun dans fa carriere, que les
ouvrages tels que celui-ci font compofés.
Ils en fauront quelque gré à leurs Auteurs, & peut-être les génies mêmes trouveront - ils qu'on leur épargne, par-ci,
par-là, quelques peines.

§. XVI. Il ne nous refte plus qu'un
mot à dire pour conclufion à nos lecteurs. On auroit pu alonger cet ouvrage
& lui donner un air plus favant, fi l'on
avoit jugé à propos de l'entre-larder des
noms des plus célebres Auteurs qui ont
écrit fur chaque matiere. Mais ces fortes
de citations font vieillir un ouvrage avant
le temps. La manufacture des livres eft
toujours en activité, & durera, felon
Salomon, jufqu'à la fin des fiecles. Les
Auteurs que l'on lit ou que l'on confulte
le plus aujourd'hui, perdent infenfible-
ment de leur vogue, & font place à de
nouveaux Ecrivains, qui marchant fur
leurs traces & qui profitant de leurs découvertes, renchériffent fur les idées de
leurs devanciers, approchent toujours

plus près de la perfection, en y ajoutant leurs propres lumieres. Il y a cependant dans la plupart des sciences quelques Auteurs classiques, qui vraisemblablement y figureront tant que durera leur langue, & nous avons cru devoir en faire mention dans le chapitre qui traite de la connoissance des bons livres. Mais parsemer tout un ouvrage de citations d'auteurs modernes, c'est attirer sur lui le même inconvénient qu'éprouvent les portraits qui sont peints en habits à la mode. Les modes passent, le portrait vieillit par l'habillement & est relégué au garde meuble, quelque bien qu'il soit fait d'ailleurs. Comme on souhaiteroit que cet ouvrage n'eût pas le même sort, on s'est gardé autant qu'il a été possible de ne lui donner aucun mérite momentané, aucun caractere passager.

§. XVII. Est-il besoin de se demander encore : Mais n'ai-je rien oublié ? *Mais, ne ne suis-je pas souvent trompé dans ce livre ?* Oui sans doute. Quelquefois j'ai oublié à dessein, & quelquefois j'ai oublié, parce que les bornes de l'esprit humain & celles de la mémoire ne sont pas placées par le Créateur dans l'infini : & quant aux erreurs involontaires où je puis être tombé, vous remarquerez, s'il vous plaît, qu'à l'exception des Auteurs sacrés, tous

ceux qui ont écrit des livres depuis la
création du monde jusqu'à nos jours, se
font trompés quelquefois, quand même
ils n'ont traité qu'une seule matiere. Eh
pourquoi ne me serois-je pas aussi trompé
quelquefois, moi qui ai eu le courage de
les embrasser toutes ? Suis-je donc infaillible, ou aurois-je la démence de me
croire tel ? Lecteur, vous êtes heureux,
si vous savez les choses mieux que moi.
Je vous en fais mon compliment de bon
cœur. *Nec mihi, si aliter sentias, mo-*
lestum.

LIVRE PREMIER,

QUI TRAITE

DES SCIENCES

QUI OCCUPENT L'ESPRIT.

CHAPITRE PREMIER.

LA THÉOLOGIE.

§. I.

CONNOITRE Dieu, & lui rendre un culte raisonnable, c'est le double objet dont s'occupe la Théologie. Nous connoissons peu la nature des corps, nous en démêlons quelques propriétés, comme le mouvement, l'étendue, les couleurs, &c. mais nous ignorons quelle est leur essence. Nous connoissons beaucoup moins encore l'ame; nous ne connoissons rien de l'essence & de la nature de Dieu. *Pour savoir ce qu'il est, il faudroit être Dieu même.* Tous les efforts que nous ferions pour parvenir à cette connoissance seroient vains & inutiles : elle est hors de la portée d'un esprit borné.

Nos destins sont d'un homme , & nos vœux seroient d'un Dieu.

L'homme en effet semble être formé pour adorer l'Être suprême & non pour le comprendre.

§. II. Cependant on peut dire avec Virgile, *Jovis omnia plena.* Dieu manifeste son existence non-seulement à notre ame au dedans de nous , mais aussi dans toute la nature & dans tout ce qui nous environne. Si nous ne saurions connoître l'essence de Dieu par nos sens , nous pouvons connoître ses propriétés par le raisonnement, à peu près comme nous connoissons la matiere & divers autres objets; & cette connoissance nous suffit. Toutes les autres sciences ont pour but le bonheur temporel, la théologie seule a pour but le bonheur éternel. Son objet differe donc des autres sciences autant qu'un espace de 80 ans differe de l'éternité. Il n'est donc pas surprenant que tous les peuples de la terre depuis la création en ayent fait leur premiere science , & ayent apporté tous leurs soins à la cultiver. On doit s'étonner même qu'elle n'occupe pas les humains encore davantage, & qu'en se donnant tant de peines pour acquérir des connoiſſances dont l'utilité s'étend ſur un ſi court eſpace de temps, ils négligent ſouvent un objet qui doit opérer leur félicité dans un avenir ſans fin, & qui les attend ſi ſurement.

§. III. Depuis que nous connoiſſons le monde, c'eſt-à-dire, depuis environ cinq mille ans les hommes ont tâtonné ſur l'idée du vrai Dieu. La foibleſſe de leur eſprit les a fait tomber dans mille erreurs. Le Paganiſme rempliſſoit d'abord toute la terre, à l'exception de la ſeule famille qui devint la tige du peuple juif. Ce paganiſme avoit chez diverſes nations différentes nuances d'idolâtrie. Moïſe fit connoître aux Hébreux le vrai Dieu, & leur preſcrivit un culte. Sa religion cependant ne fut adoptée par aucun autre peuple, pas même par ſes voiſins. Jeſus-Chriſt parut ſur la terre, abolit une partie de la Loi Judaïque, réforma la religion de Moïſe, enſeigna des dogmes divins, & ſe fit immoler pour le ſalut du genre humain. Sa doctrine fit des progrès heureux par toute l'Europe, c'eſt-à-dire dans un quart de la terre connue. Quelque temps après, Mahomet s'éléva dans l'orient & prêcha une religion qu'il avoit compoſée

de la juive, de la chrétienne & de ses
propres idées. Enfin, Luther & Calvin
vinrent tard, réformerent encore des erreurs, qui selon eux s'étoient introduites
sous le regne des Papes dans le christianisme, & donnerent l'idée de ce qu'on
appelle les religions protestantes. Con-
fucius avoit enseigné aux Chinois, &
Zoroastre aux Indiens, des religions en
partie philosophiques & en partie tirées
du paganisme : mais elles ne se font guere
répandues. Toutes ces religions & leurs
différentes sectes ont eu leur Théologie,
leurs prêtres, leurs cérémonies, leurs
triomphes, & même leurs martyrs.

§. IV. Nous ne parlons point ici des
religions, ou qui se font éteintes, ou qui
subsistent encore loin de nous. Nous ne
traiterons que de la Théologie chrétienne
qui nous apprend à connoître Dieu, &
par la révélation & par les lumieres de la
raison, autant que la foiblesse de l'esprit humain peut pénétrer dans cet objet impé-
nétrable. Ce seroit même une connoissance
bien stérile pour les humains que celle du
vrai Dieu, si l'on ne supposoit qu'il y
eût entre ce Dieu & les hommes quelques relations & quelques rapports. Or
c'est de ces relations & de ces rapports
que dérive la nécessité du culte de Dieu,
& la connoissance du vrai Dieu & du

vrai culte. C'eſt ce qui forme la Théologie chrétienne dont nous allons faire
l'analyſe.

§. V. Pour remonter par une chaîne
de raiſonnement des choſes viſibles aux
inviſibles, des palpables aux impalpables,
des terreſtres aux céleſtes, de la créature
enfin juſqu'à Dieu, il n'eſt pas ſurprenant
qu'il faille la réunion de pluſieurs doctrines, néceſſaires pour former une ſcience
complette de la Théologie. Bien comprendre & bien interpréter les Ecritures
ou la révélation, n'exige pas moins de
ſagacité que d'étude. Le don de la per-
ſuaſion eſt encore eſſentiel aux Miniſtres
de l'autel ; enfin, les Gouvernemens civils leur ont commis quelques fonctions
dans la ſociété, qui tiennent ou ſemblent
tenir ſoit aux dogmes, ſoit à la morale
évangélique. Ils s'aſſemblent, par exemple, en corps pour former des conſiſtoires, ils jugent des cas matrimoniaux, ils
portent la conſolation & l'eſpérance dans
l'ame des malades, ils préparent à la
mort les criminels que la juſtice ſacrifie
à la ſureté publique, ils ſe chargent ſous
le titre d'Ephores de l'inſpection de quelques fondations pieuſes, ils diſtribuent
des aumônes, ils adminiſtrent les ſacre-
mens, & ainſi du reſte.

§. VI. Pour bien remplir tant de devoirs,

le Théologien a besoin 1°. de diverses études préparatoires, 2°. de quelques sciences théoriques, & 3°. de plusieurs doctrines qui ont pour objet la pratique de son emploi. Les premieres sont,

1. Les Langues ; & parmi celles-ci,

(a) La langue maternelle dans laquelle il va prêcher & exercer son ministere, qu'il doit savoir à fond.

(b) La langue Latine, qui est la langue des savans en général.

(c) La langue Grecque pour l'intelligence du nouveau Testament.

(d) La langue Hébraïque dont l'idiome Talmudien & le Rabbinique dérivent.

(e) La langue Arabe.

(f) La langue Siriaque.

(g) La langue Françoise, &

(h) La langue Angloise, paroissent aujourd'hui nécessaires à tout homme de Lettres & particuliérement au Théologien, à cause des excellens ouvrages qui sont écrits dans ces langues.

2. Les principales parties de la Philosophie, comme

(a) La Logique.

(b) La Métaphysique.

(c) La Morale philosophique.

3. La Rhétorique & l'éloquence, ou l'art de parler correctement, d'écrire avec élégance & de persuader.

4. A quoi l'on peut ajouter,

5. Les Élémens de la Chronologie, de l'Histoire universelle.

6. L'étude des Antiquités Judaïques.

Celui qui se voue à l'important emploi de Théologien & qui a la noble ambition de vouloir y exceller, doit en général s'imprimer de bonne heure cette vérité, que les années qu'il va passer aux Univerſités ſont courtes, qu'elles s'écoulent rapidement, qu'elles ſont entiérement occupées par les ſciences théorétiques, & que celui qui n'apporte pas avec ſoi à l'Univerſité un fond de ſavoir dans les doctrines préparatoires, en rapporte ordinairement peu de choſe lorſqu'il eſt obligé de la quitter, & que ſon âge ou ſes parens l'en rappellent. Comme les ſciences préparatoires que nous venons d'indiquer ici, occupent ou l'eſprit, ou le génie, ou la mémoire, le Lecteur cherchera l'analyſe de chacune d'elles dans la claſſe où elle doit trouver, ſelon notre ſyſtême adopté, ſa place naturelle.

§. VII. Les Sciences théorétiques du Théologien ſont,

1. La dogmatique ou la théorie de la Théologie que quelques Auteurs

Latins nomment aussi *Thetica* ou *Systematica*.

2. L'Exégese ou la science d'entendre & de comprendre dans leur vrai sens les saintes Ecritures.

3. L'Hermeneutique ou l'art d'expliquer & d'interpréter les Ecritures à d'autres ; peu différente de l'exégese, & en quelque maniere la même science.

4. La Théologie polémique ou la Controverse.

5. La Théologie naturelle.

6. La Morale Théologique.

7. La Critique sacrée.

8. L'Histoire de l'Eglise sous l'ancien & le nouveau Testament , que je place ici parmi les sciences théorétiques , parce qu'il est nécessaire que l'Étudiant sache les principes fondamentaux de la Théologie avant que de pouvoir juger sainement des erreurs & des hérésies qui se sont glissées dans l'Eglise & qui forment l'enchaînure de son histoire.

Ce sont ces doctrines que nous allons expliquer ici l'une après l'autre dans leur ordre naturel ; en renvoyant toutefois la Théologie naturelle aux Sciences philosophiques, & l'Histoire sacrée à celles qui occupent la mémoire.

§. VIII. Les Sciences pratiques du Theologien sont

1. La Théologie paſtorale qui ſe partage en

       (a) Homilétique ,
       (b) Cathéchétique &
       (c) Caſuiſtique , &

2. La Théologie conſiſtoriale qui comprend

       (d) Le Droit Canon , &

3. La prudence dans l'exercice de différens cas miniſtériaux.

Nous ne nommons pas ici expreſſément

La Théologie patriſtique, (Theologia Patrum ſeu patriſtica) parce que toutes les Communions chrétiennes n'accordent pas aux opinions des anciens Peres de 'Egliſe le même degré d'authenticité & d'infaillibilité. Les Proteſtans croient que ces premiers Théologiens ont pu ſe tromper dans leurs ſentimens tout auſſi bien que les Théologiens d'aujourd'hui , & que vraiſemblablement ils ont été moins inſtruits , moins ſavans , moins éclairés & moins accoutumés à bien raiſonner que ces derniers , parce que la Philoſophie d'alors étoit plus imparfaite. Mais comme on trouve dans les écrits de ces Peres pluſieurs éclairciſſemens sur la doctrine primitive des Apôtres , & divers témoi-

témoignages irrécusables sur l'authenticité de plusieurs événemens remarquables qui servent à constater la vérité du
Christianisme ; qu'on y voit d'ailleurs
l'origine des erreurs , des cérémonies
arbitraires & de divers dogmes qui se
sont introduits dans l'Eglise Chrétienne ,
la lecture & l'étude de ces Peres ne
laisse pas que d'être d'une grande utilité
pour le Théologien. Un Citoyen vertueux qui réunit tant de connoissances
pour les employer à enseigner à ses Concitoyens le chemin qui conduit à la félicité temporelle & éternelle , un sage
Théologien enfin , à quel point ne mé-
rite-t-il pas notre estime ?

LIVRE PREMIER.

CHAPITRE II.

La Dogmatique.

§. I.

NOus comprenons ici sous la dénomination générale de *Dogmatique* cette partie de la Théologie que les divers Auteurs qui en ont traité , appellent tantôt la Théologie théorétique , tantôt la Théologie systématique , tantôt la Théologie thétique, &c. Nous croyons que le terme de Dogmatique est le plus général & le plus juste, pour exprimer l'objet qu'on veut désigner par-là, puisqu'il comprend *le systéme entier de tous les dogmes que chaque Religion professe*, soit qu'elle enseigne ces dogmes comme des theses, comme des articles de foi, par la prédication , par la catéchisation, ou de quelqu'autre maniere que ce puisse être.

§. II. Chaque Religion positive doit avoir naturellement un systême des objets de la doctrine qu'elle propose à ses adhérens ; sans quoi chaque homme s'en forgeroit un particulier à sa fantaisie, il y auroit autant de Religions qu'il y a d'humains sur la terre, & chaque société ne formeroit qu'un amas d'opinions bisarres. La façon de penser & les lumieres des hommes varient & sont nuancées à l'infini : la vérité au contraire est unique & invariable. Quand donc même il s'éleveroit dans l'ame de l'homme quelque doute sur un dogme de la Religion positive qu'il a embrassée, ou qu'il nourriroit quelque opinion particuliere à cet égard, il ne lui est point permis de la professer publiquement, & d'induire en erreur les autres membres de la société. Il doit s'instruire, ou par les livres ou en consultant des Ministres éclairés de l'autel, des raisons que l'Eglise a eu d'établir le dogme qui fait naître son scrupule & garder le silence lors même qu'il n'est pas convaincu par leurs preuves.

§. III. Le systême de la Religion Chrétienne est aussi composé dans ses dogmes qu'il est simple dans le principe de sa morale. Il renferme 1°. des dogmes fondés sur les lumieres de la raison ; 2°. des dogmes tirés du vieux Testament & de la Loi de Moïse ; 3°. des dogmes tirés du nouveau Testament & de la doctrine de Jesus-Christ ; 4°. des dogmes que les Peres de l'Eglise ont tirés de l'Ecriture sainte ; 5°. des dogmes que l'Eglise sous le nouveau Testament a prescrits aux Chrétiens par les Conciles œcuméniques & autres, assemblés en divers siecles ; 6°. des dogmes que les Papes en qualité de chefs de l'Eglise ont établis par leurs bulles ; à quoi il faut ajouter pour les Protestans, 7°. des dogmes que les Réformateurs, sur-tout Luther & Calvin, ont enseignés ; 8°. les décisions des Synodes ; & enfin 9°. les dogmes qu'ont prêchés les Chefs des différentes sectes, comme Sociniens, Memnonites, Quakers, &c. Chacune de ces Religions ou de ces sectes prétend appuyer ses dogmes sur la raison & sur la révélation. Nous n'écrivons pas ici un ouvrage de controverse, & nous sommes très-éloignés de vouloir décider de quel côté se trouve la vérité & la raison.

§. IV. Notre zele cependant pour la Religion Chrétienne en général, que nous envisageons comme toute divine, comme la seule Religion propre à opérer la félicité du genre humain dans ce monde & dans l'autre, & dont nous souhaitons que la durée s'étende jusqu'à la fin des

fiecles , nous arrache ici une réflexion
importante. La fimplicité eft toujours un
attribut effentiel de la perfection, comme
le compofé l'eft de l'imperfection. L'on
ne fauroit nier , fans faire violence à la vérité , que parmi tous les différens dogmes
dont nous venons de parler il n'y en ait
plufieurs qui femblent être fondés fur
des fpéculations très-abftraites , fur des
fubtilités très-épineufes & fur des interprétations très-équivoques. Dieu n'a furement pas voulu faire de tous les hommes des Théologiens , Dieu ne leur a
pas donné fa divine parole pour fervir
de pomme de difcorde , pour les occuper pendant toute leur vie à y chercher
péniblement les articles de leur foi , &
les objets de leur croyance , & pour
négliger en les cherchant les travaux auffi
bien que les devoirs de Citoyens. Les
dogmes effentiels au falut des hommes
doivent donc fe réduire à un petit nombre , & porter avec eux le caractere de
la fimplicité & de l'évidence , fans quoi
ils feroient imparfaits & par conféquent
l'ouvrage de l'humanité. Nous ne faifons
ici cette remarque que pour élever notre
voix s'il eft poffible jufques vers la poftérité , & la conjurer de ne point expofer
notre Religion fi fainte & fi admirable
en multipliant fes dogmes. Il eft nécef-

faire cependant que le Théologien qui en fait son étude & sa profession, connoisse à fond toute la théorie de sa science, pour être en état d'instruire les Fideles, & de rendre compte de la nature de chaque dogme en particulier, ainsi que de la solidité de ses preuves. C'est à quoi le conduit l'étude de la Dogmatique, dont nous allons continuer l'analyse.

§. V. La Dogmatique n'est donc que *l'exposé succint de tous les dogmes de la Religion Chrétienne dans un ordre naturel & philosophique.* On n'entend pas ici par le mot de philosophique précisément la méthode des Mathématiciens, telle que feu M. de Wolff l'avoit appliquée à la philosophie ; tous les objets ne sont pas susceptibles d'une démonstration aussi exacte & rigide ; mais on requiert un ordre régulier dans l'arrangement du système général, une enchaînure suivie dans les matieres qui le forment, des définitions justes, des divisions exactes, des argumens solides, des preuves claires, des citations concluantes, des exemples frappans, & tout ce qui appartient enfin à une discipline de cette importance. Il est très-essentiel encore d'indiquer dans la dogmatique au commencement de chaque these les termes de l'art qui lui sont propres , & que l'ufage a confacrés à la Théologie , & de les expliquer ; de tirer de chaque définition des axiomes , d'en former des propofitions & de les éclaircir par des fcholies & de bons raifonnemens. Enfin l'on ne doit pas négliger de faire ufage dans un pareil fyftême des expreffions ufitées dans les livres fymboliques qui ont été reçus dans toute l'Eglife Chrétienne , & qu'on ne fauroit changer , altérer ou rejeter , fans faire naître de la confufion dans les idées & dans le fyftême général de la Religion Chrétienne. Avant que de faire un feul pas dans l'étude de la Théologie Chrétienne il eft indifpenfable de fe mettre au fait des preuves par lefquelles on conftate la vérité , l'authenticité & la divinité des Livres facrés & canoniques. C'eft le fondement de tous fes dogmes, & le pivot fur lequel roule toute fa doctrine.

§. VI. La partie fyftématique de la Religion Chrétienne a dans le grand nombre de fes dogmes ou thefes, *trois principales* dont dérivent toutes les autres & qui forment la bafe de toute fa doctrine.

1°. L'exiftence d'un feul Dieu en trois Perfonnes.

2°. La néceffité du Médiateur ou Rédempteur.

3°. La venue effective du Médiateur ou du Messie sur la terre.

Celui qui écrit, qui professe ou qui enseigne la Dogmatique doit apporter les plus grands soins à bien constater ces vérités importantes, & les prouver par les preuves les plus fortes & les plus évidentes, tirées en partie des lumieres de la raison & en partie de la révélation. Il verra ensuite avec quelle facilité toutes les autres theses en découleront, & combien il lui sera aisé de les prouver.

§. VII. La variété infinie qui se trouve dans la maniere de penser des hommes & dans leur façon d'envisager les objets, les changemens fréquens qu'a subi la forme extérieure de la philosophie, & la méthode de la traiter, les contradictions qu'ont essuyées de tout temps divers dogmes de la Religion Chrétienne, tout cela a produit parmi les Théologiens différens systêmes de Dogmatique. Tantôt ils ont combiné la Théologie positive avec la Morale, & n'en ont fait qu'un systême, qu'ils nomment *Theologia theoretico-practica*, ou *Theologia thetico-moralis* &c. tantôt ils ont réfuté les argumens que d'autres opposent à certaines theses, & l'on en a vu sortir une discipline qu'ils appellent *Theologia thetico* ou *dogmatico* ou *positivo-polemica*; tantôt ils ont joint la Théologie naturelle à la Théologie fondée fur la révélation , & ont fait une Dogmatique *philofophico-theologica* , & ainfi du refte. Mais outre que ces diftinctions & dénominations font en elles-mêmes pédantefques , il vaut toujours mieux dans toutes les Sciences de ne pas confondre les différentes branches dont elles font compofées. Autre chofe eft la doctrine des dogmes , autre chofe la Morale , autre chofe la Philofophie , autre chofe la controverfe. Lorfqu'on traite chacune de ces parties de la Théologie féparément , on met plus d'ordre dans l'efprit , & on répand une plus grande clarté fur les matieres.

§. VIII. Il paroît au refte par la fimple énumération que nous avons faite §. 3. des divers principes fur lefquels font fondés les dogmes de la Religion Chrétienne , que pour favoir à fond toute fa théorie , le Théologien doit s'appliquer encore à l'étude des livres fymboliques de fa Communion , & bien connoître fur-tout le *Symbole des Apôtres* , celui de *Nicée* & de *S. Athanafe* , le livre appellé *Formula concordiæ* , les *Thefes du Concile de Trente* , les *Catéchifmes de Luther* , la *Confeffion d'Augsbourg* , les *Articles de Smalcalde* , le *Catéchifme de Heidelberg* &c. qu'il doit être verfé dans la Théologie qu'on nomme *patristica*, c'est-à-dire qu'il doit avoir bien lû les Peres de l'Eglise; qu'il ne doit pas être ignorant même dans la *Théologie Scholastique*, & connoître du moins les subtilités frivoles & la méthode compliquée des anciens Théologiens scholastiques, qui étoient imbus de la Philosophie d'Aristote & de l'école; qu'il doit faire une solide étude de l'Histoire *sacrée* de tous les siecles, *des Conciles* & *des Synodes*; qu'il ne doit sur-tout jamais perdre de vue la *Théologie naturelle*; & enfin qu'il lui est indispensable de se procurer une bonne bibliotheque d'Auteurs ecclésiastiques (*) pour la consulter au besoin, & y apprendre à connoître les meilleurs guides. Plus le Théologien s'appliquera à tous ces objets, plus il acquerra d'habileté dans sa science & plus il se perfectionnera dans la théorie de la Religion qu'il doit enseigner à d'autres.

§. IX. La Religion révélée étant fondée (au moins en grande partie) sur la Religion naturelle, & la Philosophie étant la source où se puisent les principes & la connoissance de cette derniere, il est évident que la Philosophie est intimement liée à la Théologie. Cependant

(*) Celles de Du Pin & de Guillaume Cave sont les plus célebres.

il faut employer le secours de la premiere
avec précaution, & ne pas l'envisager
comme le *fondement* des dogmes théologiques, mais comme le *moyen* de les expliquer & de les éclaircir. Les saintes
Ecritures forment toujours la vraie base
de la Théologie révélée ; mais la Philosophie concourt efficacement à prouver
l'existence & les propriétés de l'Être suprême, la nécessité de la création de cet
Univers par la toute-puissance de Dieu,
opposée à toute autre maniere de pro-
duction possible ; elle fournit des conjectures plausibles sur le but que Dieu a pu
se proposer en créant cet Univers ; elle
prouve la nécessité de la conservation
du monde créé ; elle suppose que Dieu
ne pouvant produire que le meilleur en
tout genre, il n'a pu créer les hommes
que tels qu'ils sont maintenant ; elle jus-
tifie l'Être suprême sur les châtimens du
péché, en supposant que le mal moral
ne s'est pas introduit dans le monde par
une nécessité absolue, mais par l'abus
de la liberté, la plus belle prérogative de
l'ame humaine ; elle en conclut la nécessité du Médiateur ; elle fournit une infinité d'argumens pour croire l'ame im-
mortelle, & une vie à venir dont l'état
doit avoir des rapports avec les actions
morales de notre vie présente ; & enfin

elle fait découler de l'amour envers Dieu, comme l'Être souverainement parfait, de la reconnoissance que nous lui devons comme à notre créateur & conservateur, & de l'obéissance que l'homme lui doit comme à son souverain Maître, les motifs les plus puissans à la vertu.

§. X. C'est cet usage que la Théologie fait de la Philosophie, qui a donné occasion de partager les theses de la Dogmatique en *pures* & en *mixtes*; c'est-à-dire en theses qui sont fondées uniquement sur la révélation, & en theses que nous reconnoissons par la révélation & la raison tout ensemble. Du nombre des premieres sont 1. l'article de la sainte Ecriture même, qui traite de son origine divine, de son autorité & de son efficace; 2. le dogme de la Trinité; 3. celui de l'origine du mal ou du péché originel; 4. tout l'article de Jesus-Christ; 5. le dogme de l'efficace & des opérations du S. Esprit; 6. celui des Sacremens; 7. celui de la Pénitence; 8. celui de la foi en Jesus-Christ; 9. celui des bons & des mauvais Anges; 10. celui de la fin du monde & du dernier jugement; 11. celui de l'Eglise &c. Les dogmes ou theses *mixtes* sont, 1. la doctrine de Dieu en général, de son essence, de ses attributs & de ses œuvres; 2. celle de la créa-

tion; 3. celle de la Providence ou de
la confervation du monde; 4. celle du
péché, entant qu'il forme une tranfgref-
fion des Lois de Dieu; 5. celle des peines & des récompenfes après la mort &c.
Celui qui aura étudié, approfondi &
bien conçu toutes ces thefes, pourra fe
perfuader qu'il poffede la Dogmatique.

LIVRE PREMIER.

CHAPITRE III.

L'Exegefe & l'Herméneutique.

§. I.

LE mot d'*Exegefe* vient du verbe Grec
εξηγουσται qui fignifie *raconter, ex-*
pliquer. Le nom d'*Herméneutique* dérive
d'un autre mot Grec ἑρμηνεύειν qui défi-
gne *fouiller* & au figuré *creufer, interpré-*
ter. Les Savans, & fur-tout les Théologiens, fe fervent de ces mots, tantôt
comme des fynonimes pour défigner la
même chofe, & tantôt (comme il n'y a

guere de synonimes parfaits) pour exprimer une petite différence entre deux disciplines semblables. Ils entendent par le mot d'exegese *la science d'entendre & de comprendre dans son vrai sens le texte original des saintes Ecritures*, & par celui d'herméneutique *l'art d'expliquer & d'interpréter la sainte Ecriture à d'autres*. (*) Cette distinction est si subtile qu'elle devient presque frivole. C'est au fond la même science ; l'une n'est qu'une application de l'autre, & c'est pour cette raison que nous croyons être fondés à les combiner ici.

§. II. Pour bien comprendre le texte sacré de tous les livres contenus dans la sainte Bible, soit de l'ancien, soit du nouveau Testament, il est indispensable que le Théologien sache à fond non-seulement les Langues dans lesquelles ces livres ont été écrits originairement, mais aussi l'histoire & les antiquités des temps reculés où vécurent leurs Auteurs. Nous parlerons de ces langues plus en détail au chapitre XIX du troisieme Livre, & n'en ferons mention ici qu'autant qu'elles ont un rapport direct avec l'Herméneutique. Quant aux recherches sur l'His-

(*) L'Exegese est une espece de Grammaire raisonnée, l'Herméneutique l'art d'interpréter des passages entiers.

toire du peuple Juif, fur fes antiquités, fes mœurs & fes ufages, il eft avanta- geux de les pouffer auffi loin que la na- ture de la chofe le permet, fans cepen- dant s'engager dans des fubtilités critiques qui conduifent dans un labyrinthe dont il eft impoffible de trouver l'iffue, & qui répandent encore plus de nuages fur la Théologie, que les controverfes fcho- laftiques ne le firent autrefois.

§. III. Celui qui veut interpréter avec fuccès un ouvrage quelconque doit con- fidérer d'abord dans quel efprit il a été écrit ; il doit réfléchir aux intentions, au but, au génie, aux paffions, au goût de fon auteur, dans quel temps, dans quel lieu & pour quel peuple il écri- voit. Ces confidérations font fur - tout néceffaires lorfqu'on veut entreprendre l'explication des faintes Ecritures. Indé- pendamment des réflexions que le Théo- logien peut tirer fur ces objets de fon propre fonds. Les Commentaires excel- lens que nous avons fur la Bible, fur laquelle fe font exercés les plus beaux génies de tous les fiecles, peuvent lui fervir de guides à cet égard. Les Hiftoi- res critiques, comme celle de Richard Simon, & plufieurs autres, fourniffent auffi de grands fecours, & répandent des lumieres admirables fur cette matiere.

Des idées nettes, la sagacité de l'esprit & un jugement sain acheveront le reste.

§. IV. A l'égard des langues nécessaires pour l'intelligence du Texte sacré, la *Langue Hébraïque* tient ici la premiere place. L'étudiant doit se mettre de bonne heure au fait de la *maniere d'accentuer* & de la *Massore* des Juifs. Il y peut joindre avec fruit la lecture des Interpretes Juifs ou des *Rabbins*. Nous avons des Grammaires & des Dictionnaires *Rabbiniques* & *Talmudiques* de Buxtorff, de Cellarius & d'autres, qui facilitent beaucoup ces lectures. Le Talmud, il est vrai, est farci de mille fables & contes ridicules; cependant il contient quelques choses utiles & curieuses, dont le savant Théologien ne sauroit se passer entiérement. Pour bien comprendre les explications & les applications des meilleurs Rabbins, il faut encore se mettre au fait de leur *Cabbale* que l'on divise en *réelle* & *libérale*.

§. V. *La Massore* est une espece de critique du texte Hébreu que les anciens Docteurs Juifs ont inventée pour en empêcher l'altération. On y a compté les versets, les mots & les lettres du texte, & l'on en a marqué toutes les diversités. Le texte des Livres sacrés étoit autrefois écrit tout de suite, sans aucune distinction de chapitres, ni de versets, ni même de mots, à la maniere des anciens, ainsi qu'on le voit encore dans plusieurs manuscrits. Comme il étoit arrivé aux Livres sacrés une infinité de changemens, qui formoient diverses leçons , & que le premier original a été perdu ou altéré, les Juifs ont eu recours à une regle qu'ils ont jugée infaillible & qu'ils nomment *Massore* , pour fixer la lecture du texte Hébreu.

§. VI. Les anciens Rabbins ou Docteurs de la Loi judaïque, ont écrit plusieurs traditions superstitieuses , qu'ils observent aussi scrupuleusement que la Loi de Moïse ; & ils ont fait divers commentaires sur le Texte sacré , parmi lesquels il y a du bon & de l'utile. Le langage dont ils se servent est différent de l'Hébreu ordinaire , & le caractere Rabbinique de même. Nous avons une Grammaire Rabbinique , d'*André Sennert* & des Dictionnaires de *David de Pomis* & d'*Otton*.

§. VII. Le Talmud est un livre où les Juifs ont renfermé tout ce qui concerne l'explication de leur Loi , & les devoirs qui leur sont imposés soit par l'Ecriture, la tradition, l'autorité des Docteurs , soit par leurs coutumes particulieres , leur police, leur doctrine, leurs cérémonies, leur Théologie morale , la décision des cas de conscience &c. Ce Talmud est composé en général de deux parties; l'une appellée *la Mischna*, & l'autre *la Gémare*. Les Juifs ne voulurent pas d'abord mettre ces choses par écrit, mais après la destruction de Jerusalem, se voyant dispersés par le monde, ils s'y virent obligés. Ils avoient deux écoles célebres, l'une à Babylone & l'autre à Jerusalem. Là furent faits deux divers recueils de ces traditions, l'un & l'autre appellés Thalmud. Le Commentaire appellé Gémare, contient les décisions des Docteurs Juifs & leurs explications sur le texte. Il est rempli d'absurdités, de rêveries & d'ignorance : le style en est grossier. Le texte au contraire qu'ils appellent Mischna, est écrit d'un style pur & les raisonnemens en sont plus solides. Le Rabbin Moïse, fils de Maïemon, en a fait un abrégé, qui vaut mieux que le Talmud même.

§. VIII. *La Cabbale* ou *Kabale*, (mot hébreu qui signifie proprement tradition,) contient des interprétations de différens Rabbins sur les Lois de Dieu, leurs décisions sur les obligations qu'elles imposent, & sur la maniere de les pratiquer. Il y en a qui sont mystérieuses & cachées, qui consistent dans des significations mystiques & singulieres que l'on donne à un mot, ou même à chacune des lettres qui le composent ; d'où par différentes combinaisons l'on tire de l'Ecriture des explications fort différentes de ce qu'elles semblent naturellement signifier. Cette Cabbale se divise en trois especes ; la premiere s'appelle *Gématrie*, & consiste à prendre les lettres pour des chiffres ou nombres arithmétiques & à expliquer chaque mot par la valeur arithmétique des lettres dont il est composé ; la seconde se nomme *Notaricon*, & consiste à prendre chaque lettre d'un mot pour une diction entiere, ou bien à faire des premieres lettres de plusieurs mots une seule diction ; la troisieme est appellée *Thémura*, & consiste à changer un mot & les lettres dont il est composé.

§. IX. *Le Chaldéen* semble être indispensable après l'étude de l'Hébreu & du Rabbinique. Ce n'est proprement qu'un dialecte particulier de la Langue Hébraïque. Les Juifs donnent à leurs gloses & à la paraphrase Chaldaïque sur l'Ecriture le nom de *Targum*. Comme ils avoient oublié pendant leur longue captivité de Babylone l'Hébreu, & qu'ils n'entendoient plus que la Langue Chaldéenne, il fallut expliquer les Prophetes dans cette Langue, & c'est à cette nécessité qu'on doit les premiers commencemens de la paraphrase chaldéenne. Des Rabbins ras-

femblerent depuis toutes ces diverfes interprétations de leurs Docteurs, & for-
merent cette paraphrafe qu'on nomme
Targum.

§. X. Les autres Langues Orientales,
comme l'Arabe, la Syriaque, la Sama-
ritaine, & la Copte ou Cophte font encore de grande utilité au favant Théologien. Nous en parlerons plus ample-
ment au Chapitre des Langues Orientales
du troifieme Livre, & nous ne faifons
que les indiquer ici, parce qu'elles tiennent immédiatement à l'Herméneutique.

§. XI. Tous les Livres du Nouveau
Teftament étant écrits en Langue Grecque, il eft naturel que l'étude de cette
langue foit indifpenfable au Théologien.
Mais il ne faut pas croire que ce Grec
foit le Grec d'Athenes ou de Lacédé-
mone, & que ceux qui entendent le
Nouveau Teftament comprennent parfaitement Homere, Anacréon ou Thu-
cidide. Il eft très-néceffaire de remarquer ici que pendant la captivité de
Babylone les Juifs, comme nous venons
de le dire, avoient oublié l'Hébreu, &
qu'ayant adopté dans la fuite des temps
divers idiomes, la Langue Grecque s'étoit
enfin répandue fucceffivement prefque
par tout l'Orient, & que lors de la venue
de Jefus-Chrift fur la terre, cette lan-

gue étoit en ufage dans la Paleſtine non ſeulement parmi les gens de lettres, mais auſſi parmi le monde poli. Tout s'écrivoit, tout ſe traitoit en Grec. Les Juifs n'entendoient plus les ſaintes Ecritures en Langue Hébraïque, mais ils ſe ſervoient de la verſion que les Septante avoient faite du Vieux Teſtament en Langue Grecque. Les Evangéliſtes & les Apôtres écrivirent donc leurs Relations hiſtoriques auſſi bien que leurs Epitres ou Lettres en ce même idiome. Mais leur Langage n'eſt pas pur : il eſt parſemé d'hébraïſmes, de barbariſmes, de phraſes & d'expreſſions théologiques. Les quatre Evangéliſtes different auſſi entre eux à l'égard du ſtyle & les Apôtres de même. S. Mathieu n'eſt pas auſſi élégant que S. Jean, ni S. Jude auſſi élégant que S. Paul, qui étoit homme de lettres & habile écrivain. La diction de S. Luc eſt la plus belle & la plus correcte, ſur-tout dans ſon livre des Actes des Apôtres.

§. XII. Les traductions des Livres ſacrés qui ont été faits dans l'Occident ſervent auſſi très-ſouvent à éclaircir bien des paſſages. M. le Long a donné une Bibliotheque de toutes les verſions & éditions de la Ste. Bible, qu'on peut conſulter avec fruit. Nous aurons occafion de parler plus particuliérement de ces traductions au Chapitre de la Critique facrée.

§. XIII. *Les Antiquités Judaïques* fe combinent naturellement avec l'étude de l'Hiftoire facrée du Vieux Teftament. *Jofephe* eft le meilleur Auteur qui en ait écrit. *Jean Marsham, Voffius, Lælius Gyraldus*, &c. font des modernes auxquels nous devons de favantes recherches à cet égard. *Hermannus Wilfius* dans fon traité *de Ægyptiacis* a répandu des lumieres admirables fur *les Antiquités Egyptiennes. Les Antiquités des Chaldéens, des Babyloniens, des Perfes & des Medes* ont été très-bien expliquées par *Barnabas Briffon*, dans fon livre *de regno & rege Perfarum*, & par *Thomas Hyde* dans fon Ouvrage *de Religione & facris Perfarum.* Les Ecrits de *Meurfius*, & le *Compendium Antiquitatum Græcarum de Jean Potter*, font très-utiles aux Théologiens, pour y puifer les connoiffances qui leur font néceffaires *des Antiquités Grecques. Les Antiquités Latines* enfin font fuffifamment expliquées dans un Abrégé de *Cantel* fur cette matiere.

§. XIV. Le Chevalier Anglois *Spencer* a donné un Ouvrage excellent fur *les Cérémonies de la Religion Judaïque*, intitulé *de Legibus Hebræorum ritualibus*

&c. & nous avons des Ouvrages qui traitent à fond de leurs *Temples*, de leurs *Sacrifices*, de leurs *Prêtres & Lévites*, de leurs *Pafcha & Purim*, de leurs *dixmes*, de leurs *vétemens & habits Sacerdotaux*, de leurs *mœurs* & de leurs *coutumes*, mais qu'il feroit trop long de rapporter ici.

§. XV. Les Commentaires des Modernes fur les faintes Ecritures peuvent auffi inftruire le jeune Théologien. Il faut cependant qu'il s'en ferve avec choix & modération. Tout ce qui luit n'eft pas or à cet égard comme à tout autre, & le Savant ne doit pas fouvent voir par les yeux d'autrui.

§. XVI. Les Bibles qu'on nomme *Polyglottes*, font auffi d'un grand fecours à l'interprétation du texte facré. Elles font imprimées en diverfes langues. La premiere eft celle du Cardinal *Ximenez*, imprimée l'an 1515 ; on l'appelle *la Bible de Complute*. Elle contient le texte Hébreu, la paraphrafe Chaldaïque, la verfion Grecque des Septante, & l'ancienne édition Latine. La feconde eft celle qu'on nomme *la Bible Royale*, imprimée à Anvers en 1572 ; la troifieme celle de *le Jay*, imprimée à Paris en 1645 ; la quatrieme celle d'*Angleterre*, imprimée à Londres en 1657, *Walton*

en eſt l'Editeur. Il y en a encore pluſieurs autres qui ont été imprimées depuis, mais qui ne ſont ni auſſi complettes
ni auſſi célebres.

§. XVII. Les Bibles qu'on nomme
Biblia Gloſſata, ſont encore ici d'un
très-bon uſage. Le texte ſacré y eſt par-
tout accompagné de gloſes & de remarques. On en a dans les trois principales
Communions de la Religion chrétienne,
& dans la plupart des langues modernes
de l'Europe. Enfin, comme l'interprétation du texte ſacré dépend en grande partie des lumieres & des preuves tirées du
parallele des paſſages de l'Ecriture, on a
pluſieurs Bibles auxquelles les Editeurs
ont ajouté à côté de chaque verſet du
texte ce qu'on nomme *la Concordance*,
ou la citation des autres paſſages paral-
leles qui ſe trouvent répandus dans l'Ancien & le Nouveau Teſtament. Les Con-
cordances ſont d'un uſage journalier &
indiſpenſable au Théologien dans la compoſition de ſes ſermons & dans pluſieurs
travaux de ſon miniſtere.

§. XVIII. Ce paralleliſme differe encore de celui que les Théologiens nomment le Paralleliſme réel. Ils entendent
par-là *le rapport du ſens typique ou du
ſens parabolique d'un paſſage avec le ſens
littéral que ſes expreſſions préſentent ou
ſemblent*

semblent préfenter , du fens myftique avec le fens réel , des figures & des images que les Auteurs facrés ont employées avec les chofes ou les objets qu'ils ont voulu défigner par-là. Les plus grands Théologiens fe font donné des peines infinies pour déterminer ces rapports , pour les rendre lumineux & pour en apporter des preuves. Ils ont réuffi en beaucoup d'endroits, & l'on ne fauroit qu'admirer leur fagacité , leur zele & leurs fuccès. Cependant il faut convenir qu'ils n'ont pas encore éclairci toutes les obfcurités , qu'il eft refté bien des ténebres dans les Prophetes, dans le Cantique des Cantiques , dans le Livre de Job , & fur-tout dans l'Apocalypfe où l'on n'a porté jufqu'ici que des lueurs fort éloignées de la lumiere. Les rapports qu'ils ont cru y trouver , font fouvent fi peu juftes , fi peu naturels, fi peu vraifemblables, & même fi plats , qu'ils révoltent le bon fens & font déplorer la foibleffe de l'efprit humain.

§. XIX. Enfin le dernier travail pour celui qui s'inftruit dans l'Herméneutique eft ce qu'on appelle *Lectio Acroamatica ;* moyennant laquelle on examine chaque Livre de l'Ecriture fainte d'un bout à l'autre fur la Géographie ancienne & moderne, la Généalogie, la Chronologie ,

Tome I.   C

l'Histoire & les Antiquités, & s'en forme
un syſtême raiſonné par les regles d'une
bonne & ſaine Logique. Ce travail eſt
ſujet à tant de difficultés & à tant d'éga-
remens qu'il eſt preſque impoſſible d'en
venir à bout ſans le ſecours d'un guide
aſſuré, d'un habile Profeſſeur & d'un
cours complet fait aux Univerſités.

§. XX. Muni de ces ſecours le Théologien ſe haſarde à rechercher le vrai ſens
des paſſages de la ſainte Ecriture qui lui
paroiſſent ou obſcurs, ou contradictoires,
ou embarraſſans, & il les interprete à
d'autres. Il eſt trop ſage & trop modeſte
pour faire accroire aux autres que ſes déciſions ſoient conſtamment authentiques
& infaillibles. Les lumieres des hommes
ſont toujours bornées & imparfaites ; &
Dieu n'a accordé à nul mortel, à nul
Théologien, à nulle aſſemblée de Théologiens le droit de l'interprétation de ſa
divine parole. Il a même lancé l'anatheme
contre tous ceux ſans exception qui y
ajoutent ou en retranchent un ſeul mot.
Mais ce n'eſt ni ajouter ni retrancher,
que de rechercher le vrai ſens d'un paſſage, & de le rendre lumineux.

LIVRE PREMIER.

CHAPITRE IV.
LA CRITIQUE SACRÉE.

§. I.

COmme les Auteurs & les Professeurs qui traitent des différentes parties de la Théologie font souvent mention de la Critique sacrée, nous ne saurions nous dispenser de faire connoître jusqu'où elle est liée avec l'Exegese & l'Herméneutique, & à quel point elle forme une science ou doctrine separée. La critique en général n'est au fond qu'une partie supérieure de la Grammaire, qu'une espece de Grammaire raisonnée, fondée sur la réflexion & sur les regles de la langue ; mais qui emploie le secours de diverses autres sciences, comme l'Histoire, la Chronologie, les Antiquités, &c. pour trouver & déterminer le vrai sens d'un passage obscur ou équivoque. La critique sacrée n'en differe que par son objet, elle en adopte toutes les regles, mais elle y

C ij

en ajoute d'autres qui prennent leurs sources & leurs principes dans la langue particuliere du Nouveau Teſtament , & à
l'égard de la Bible en général , dans la
nature , l'eſſence & les qualités de ſon
Auteur divin. Juſques-là elle a une liaiſon
intime avec l'Exegeſe.

§. II. Mais ſi on veut l'enviſager
comme une étude à part , on peut dire
que c'eſt la ſcience qui s'occupe à examiner les circonſtances extérieures de la
ſainte Ecriture , par exemple dans quel
temps chaque Livre a été écrit , quel eſt
ſon Auteur , l'exactitude & la fidélité du
texte , la diſtinction des Livres Canoniques d'avec les Apocriphes , & pluſieurs
choſes ſemblables. Pour faire connoître
encore mieux de quelle maniere & avec
combien de précautions la Critique ſa-
crée procede dans ſes opérations , nous
rappellerons ici quelques objets qui ſont
de ſon reſſort.

§. III. L'on croit communément que
ce fut Eſdras qui après le retour de la
captivité de Babylone recueillit & fixa
le Canon des livres ſacrés de l'*Ancien
Teſtament.* C'eſt du moins l'opinion des
Juifs , qui tous lui attribuent cet Ouvrage
glorieux ; & la choſe eſt d'autant plus
vraiſemblable , que ce fut ce même Eſdras
qui rétablit tout l'Etat , tout le peuple Juif

en corps de nation, toute la République
Judaïque, si intimement liée avec la Religion. Le recueil du Canon des livres du
Nouveau Teſtament eſt attribué avec
beaucoup de vraiſemblance à S. Jean,
quoiqu'on n'en puiſſe pas produire des
témoignages hiſtoriques & formels, ſi ce
n'eſt ce qu'Euſebe raconte des quatre
Evangiles. Dans la ſuite des temps, chaque Concile a décidé quels livres ſeroient
reconnus à l'avenir par l'Egliſe Chrétienne pour canoniques, & l'on en trouve
ordinairement le Répertoire à la fin des
Décrets des divers Conciles.

§. IV. L'Ancien Teſtament eſt écrit
en Langue Hébraïque, à l'exception d'un
petit nombre de paſſages dont le dialecte eſt Chaldéen. Les figures des lettres ou caracteres, tels que nous les
avons maintenant, ſont auſſi proprement
Chaldéens ; au lieu qu'avant la captivité
de Babylone le caractere Samaritain fut
vraiſemblablement uſité. Buxtorff & Capell ont eu de vives diſputes au ſujet *des*
points ſur les voyelles. Le premier tenoit
pour ces points, & le dernier les rejetoit ;
chacun a eu ſes adhérens. Comme on ne
ſauroit prononcer ſur cette conteſtation
que ſur des preuves hiſtoriques, qui manquent ici de l'un & de l'autre côté, il
vaut mieux laiſſer l'affaire indéciſe, & ne

pas rejeter cependant tout-à-fait l'ufage des points, parce qu'ils fervent à faciliter infiniment l'étude de la Langue Hébraïque. Ceux qui aiment à introduire des nouveautés dans la Religion, (difent les adhérens de Buxtorff,) feroient fans doute charmés de voir les points entiérement abolis, parce qu'on peut faire alors du texte facré tout ce qu'on veut. Ceux qui fuivent le fentiment de Capell foutiennent au contraire que par l'inadvertence ou l'ignorance des Copiftes, ces points peuvent avoir été places de travers dans l'ancien temps, ou être facilement confondus & mal placés à l'avenir ; ce qui peut donner lieu aux erreurs les plus dangereufes, faire naître des contre-fens & des explications bizarres de l'Ecriture ; qu'en n'admettant pas les points, un Théologien habile conferve du moins la liberté d'expliquer un paffage felon l'analogie & les regles du bon fens.

§. V. Les *Accens* ont donné lieu à tout autant de querelles. Mais cette queftion ne fauroit fe décider fur les mêmes principes que la précédente : car on voit clairement par tous les manufcrits anciens que même les Grecs & les Romains ont écrit fans accens, mais que les uns & les autres fe font fervis de voyel-

les. Dans les Ouvrages poëtiques sur-
tout, il est presque impossible de s'en
passer, & cette langue étant morte aujourd'hui, on ne sauroit sans accens y
trouver aucun rhythme, aucune mesure.
Le P. Montfaucon a prouvé avec beaucoup de vraisemblance que l'accentua-
tion n'a été introduite que dans le VIIe.
ou VIIIe. siecle.

§. VI. Le langage du Nouveau Testament est le Grec. Car tout ce qu'on dit
de l'Evangile de S. Matthieu écrit en
Hébreu, & de l'Evangile selon S. Marc
conçu originairement en Latin, n'est ap-
puyé que sur des fondemens assez foibles. Le style, comme nous l'avons déjà
remarqué ailleurs, n'est pas pur ; quoi
qu'en puissent dire quelques Zélateurs,
qui soutiennent mal-à-propos & sans raisons le contraire. Le langage du Nouveau
Testament est parsemé d'hébraïsmes.

§. VII. L'exactitude, la justesse & la
correction du texte résultent d'une con-
frontation réfléchie & judicieuse des variantes, dont il y a selon M. Mill plus de
vingt mille. Ces variantes dérivent en
partie de la négligence des copistes, &
en partie de l'ignorance des reviseurs &
des correcteurs des anciens manuscrits,
qui souvent ont joint & enclavé dans le
texte des gloses qui se trouvoient sur les

C iv

marges. Les Hérétiques des premiers fiecles, & les imposteurs ont auffi fait divers
changemens dans le texte même pour
appuyer leurs erreurs, & ces altérations
fe font gliffées dans d'autres exemplaires.
On fuit ordinairement les plus anciens
manufcrits, en fuppofant avec raifon que
le texte en eft plus correct & plus fidele.
On y ajoute auffi les plus anciennes Verfions.

§. VIII. La premiere de ces Verfions
eft celle des *Septante*, qui de tout temps
a été fort eftimée tant des Juifs que des
Chrétiens. Le langage hébreu s'étant
perdu chez les Juifs pendant la captivité
de Babylone, & l'idiome grec étant devenu dans l'Orient le langage vulgaire,
cette Verfion a été faite en Egypte fous
l'autorité publique, & pour l'ufage commun des peuples. La feconde eft celle
qu'on nomme *la Vulgate*, qui a été for-
mée de la Traduction de S. Jérôme, &
d'une autre qu'on nommoit *Verfio anti-
qua*. Après ces deux Traductions viennent les Verfions grecques, parmi lefquelles on compte, 1°. celle d'*Aquila*,
Auteur qui a rendu l'original hébreu mot
à mot, en mettant au deffus de chaque
mot du texte hébreu le terme grec qui lui
eft équivalent ; 2°. celle de *Symmachus*,
qui s'eft appliqué à écrire le Grec avec

pureté & élégance ; 3°. celle de *Théodo-*
tion, qui a suivi fort exactement le texte,
malgré le beau langage qu'il emploie.
Origene a déjà publié ces Versions dans
son édition de l'Ancien Testament en six
langues, qu'il nomme *Hexapla*. On peut
ajouter à toutes ces Versions, 4°. celle de
Jéricho & de *Nicopolis*, qui sont fort célebres. Nous n'avons plus aujourd'hui
aucune de ces versions en entier. Les
fragmens qui en restent ont été recueillis
& publiés par *Drusius* & par le P. Montfaucon : enfin 5°. les *Versions Syriaques*,
dont l'une a été faite sur le texte hébreu,
& l'autre sur le grec.

§. IX. La Critique sacrée s'occupe
encore à connoître les principaux & les
plus célebres manuscrits tant du Texte
sacré même, que des Traductions ; à en
savoir discerner l'écriture ou la main, &
les caracteres essentiels qui distinguent le
vrai original d'avec les contrefactions.
Enfin elle s'applique à la connoissance
des meilleures éditions modernes de la
sainte Bible ; comme par exemple les
Polyglottes, parmi lesquelles celles de
Londres de l'année 1653--55. sont les
meilleures. L'introduction de Walton qui
se trouve à la tête de ces éditions, est un
modele & un chef-d'œuvre en fait de
Critique sacrée.

C v

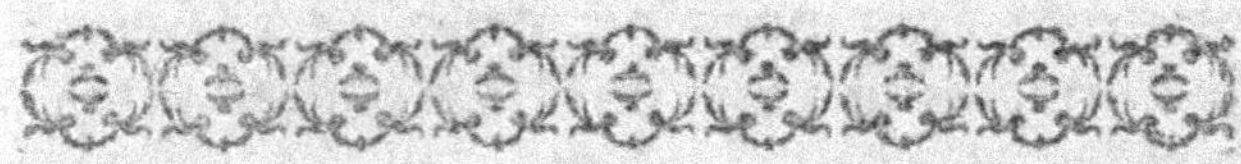

LIVRE PREMIER.

CHAPITRE V.

LA THÉOLOGIE MORALE, ou *la Morale Théologique*.

§. I.

S'IL étoit permis de comparer le Sauveur du monde à un foible mortel, je dirois que Jesus-Christ en a agi comme Socrate, qui n'a rien écrit de sa Doctrine, mais dont toutes les instructions, (aussi bien que les particularités de sa vie,) ont été recueillies, rédigées & publiées par ses Disciples. Les Evangélistes sont les seuls Historiens du Messie. C'est à leurs soins que nous devons la connoissance de ses actions sur la terre, & de ses préceptes divins. Les quatre Evangiles & les Actes des Apôtres, écrits par S. Luc, contiennent donc *seuls* l'histoire de la vie de Jesus-Christ, & la Doctrine qu'il a enseignée. Ses Apôtres & ses Disciples ont commencé par paraphraser cette Doctrine, aussi bien dans leur prédication évangélique, que dans les Epîtres qu'ils ont adressées aux Fideles de diverses Eglises Chrétiennes. Ils en ont donné des explications, & ils y ont ajouté des instructions pastorales admirables en effet, mais qui cependant ne formoient pas le texte original des leçons du Sauveur. Les Evêques du premier siecle apostolique, les Peres de l'Eglise dans tous les siecles suivans, les autres Evêques & Ecclésiastiques, les Conciles, les Synodes, les Docteurs de Théologie, les Papes, les Consistoires, les Réformateurs mêmes, & une infinité de Théologiens, ont tiré de l'Evangile, & quelquefois même dés Lettres des Apôtres & d'autres Commentaires sur l'Evangile, des dogmes dont la réunion forme aujourd'hui le systême général de la Religion Chrétienne. Les Théologiens qui se vouent au service de l'Autel étudient ce systême dans la Dogmatique; les Laïques l'apprennent par le moyen du catéchisme, & l'adoptent solennellement après avoir fait leur confession de foi, lorsqu'ils sont reçus dans le sein de l'Eglise.

§. II. Il n'en est pas de même de la Morale de Jesus-Christ, que tout homme peut lire dans l'Evangile, & pour laquelle il n'a pas besoin de se faire savant, ni d'étudier un système composé. Quand même la Dogmatique ne seroit pas armée de mille argumens pour constater la Divinité de Jesus-Christ, sa morale la prouveroit assez; vû qu'elle est toute céleste, toute simple, toute vraie, toute propre à opérer la félicité du genre humain dans cette vie & dans celle qui est à venir. Le Sauveur du monde, qui n'ordonne nulle part aux hommes de s'engager dans des disputes, dans des controverses & dans des subtilités abstraites, leur commande uniquement de *croire à sa parole*, & cette parole ne dit qu'un seul mot, AIMEZ. C'est le grand principe, le principe unique sur lequel il fonde toute sa sainte Doctrine.

§. III. Opérer par les moindres efforts les plus grands effets possibles, c'est la plus haute perfection dans toute la nature, & en même temps le vrai caractere de la Divinité. Dieu a donné à tous les êtres qui composent l'Univers une seule & unique propriété, par laquelle tout le système de cet Univers s'entretient & se perpétue constamment en général comme en détail. C'est l'AMOUR. L'attraction des corps célestes, comme de ceux qui font partie de notre globe, est une espece d'amour, une tendence les uns vers les autres. La génération uniforme par laquelle tous les êtres se perpétuent, est fondée sur *l'Amour*. C'est le vrai *minimum*, le vrai systême de *la moindre action*, qui a quelque chose de si divin. Il semble que Dieu ait voulu établir par la bouche du Messie le même principe unique dans la Morale, c'est-à-dire dans la regle des actions de l'homme, en disant, *aimez;* enfin qu'il n'ait voulu dans la conduite du genre humain, comme dans toute la nature, d'autre principe que l'amour.

§. IV. On ne sauroit disconvenir que les différens systêmes de morale des anciens Philosophes païens, ne contiennent plusieurs maximes & préceptes de morale admirables; mais outre que ces Philosophes se contredisent presque toujours l'un l'autre dans leurs maximes, aucun d'eux n'est parti du vrai principe dans son systême. En le cherchant, ils ont trouvé de belles vérités dans leur chemin, mais c'est par hasard, & tout cela est imparfait. Jesus-Christ est le seul qui a enseigné aux hommes une morale parfaite en la déduisant de son vrai principe. Tout principe doit être unique. L'idée de deux implique déjà une imperfection. Tout principe doit être fécond, même univerſel dans ſes effets. Tout principe dont les effets ſont bornés eſt imparfait. Dieu même eſt unique dans ſon principe & infini dans ſes effets. Sa doctrine ou ſa loi doivent l'être de même. Jeſus-Chriſt a dévoilé ce principe unique & univerſel aux humains. Il a donc été auſſi en ce ſens le vrai ſauveur du monde. Il a prêché, & n'a prêché aux hommes que l'amour.

§. V. On entend par le mot d'amour dans les *corps* en général, une tendance, une inclination mutuelle qui les porte à vouloir ſe joindre & s'unir ; & dans les *hommes* en particulier, une joie vive, piquante que l'ame reſſent à la contemplation des perfections d'un objet. Cette joie eſt toujours accompagnée du deſir, ou de s'approprier cet objet, ou de ſe le rendre favorable. En adoptant donc ce principe & cette derniere définition de *l'amour*, il s'enſuit que tous les devoirs de l'homme conſiſtent,

1°. à aimer Dieu avant toutes choſes.

2°. à s'aimer ſoi-même.

3°. à aimer ſes ſemblables, &

4°. à aimer les autres créatures à un certain point.

Les paroles de Jeſus-Chriſt ſont des plus formelles à cet égard.

§. VI. De ce principe naiſſent *les de-*

voirs envers Dieu , envers nous-mêmes , envers le prochain , envers les créatures foumifes à notre pouvoir. La premiere regle eft de faire à tous ceux que nous devons aimer, tout *le bien* & leur éviter tout *le mal* qui dépend de nous. La feconde , de ne point faire à autrui ce que nous ne voudrions pas qui nous fût fait en pareil cas. La troifieme , qui eft un fimple effet de l'amour , de chercher à plaire à l'objet que nous devons aimer. La quatrieme , de chercher à rendre les plaifirs que nous faifons à d'autres auffi vifs qu'il foit poffible , & les maux inévitables que nous fommes quelquefois contraints de leur faire , auffi fupportables que nous pouvons ; & ainfi du refte. Toute la Prédication évangélique du Sauveur eft remplie d'un bout à l'autre de préceptes admirables à cet égard , & ces préceptes , auffi-bien que leurs applications générales & particulieres nous font enfeignées dans la doctrine qu'on appelle la Théologie morale , ou la morale Théologique.

§. VII. On la diftingue de la morale Philofophique ou de la fimple doctrine des mœurs , parce que Jefus-Chrift a fait connoître dans fa morale divine un bien plus grand point de perfection que ne nous montrent les fimples lumieres de la raifon humaine. Le renoncement à foi-même & à ses convoitises, le pardon des offenses, l'amour pour nos ennemis, le triomphe sur nos passions nuisibles, & beaucoup d'autres vertus semblables, le Chrétien les doit uniquement aux leçons de Jesus-Christ.

§. VIII. Pour faire connoître encore en deux mots de quelle application facile, vraie & naturelle tous ces préceptes sont susceptibles, nous n'en rapporterons que les deux ou trois exemples suivans. Nous devons aimer Dieu. Or rien n'est si naturel que de sentir une joie vive & piquante à la contemplation des perfections réunies de cet Être accompli, rien n'est si naturel que le desir de lui plaire & de nous le rendre favorable. Comme nous sommes de trop foibles créatures pour pouvoir lui faire aucun bien, ou lui éviter aucun mal réel, tout le plaisir que nous sommes en état de lui faire consiste à lui offrir un cœur droit, à lui rendre un culte raisonnable, à être pénétré de gratitude envers lui, & à faire nos efforts possibles pour remplir le but de notre existence. Nous devons aimer tous les hommes généralement, & cependant nous infligeons des peines, des châtimens à quelques-uns, nous les punissons même de mort. Mais nous les châtions pour les rendre meilleurs, nous les empêchons de

nuire à la société générale; nous les retran-
chons du nombre des vivans comme on
coupe une branche gangrenée d'un arbre
dont la conſervation nous intéreſſe. C'eſt
parce que nous aimons les hommes que
nous cherchons à prévenir la deſtruction
des bons par la malice des méchans. Mais
il faut qu'une néceſſité indiſpenſable nous
force toujours au châtiment. Nous devons
ſentir enfin une eſpece d'amour pour les
autres créatures, pour les animaux mêmes ; & cependant nous les vexons, nous
les accablons, nous les tuons. Si nous les
vexons mal à propos, pour aſſouvir un
luxe coupable, ou pour ſatisfaire à des
plaiſirs brutaux, ſi nous faiſons des chaſſes
forcées, des combats d'animaux & d'autres horreurs ſemblables, nous agiſſons
d'une maniere contraire à l'eſprit & à la
lettre de la morale évangélique ; ſi nous
tuons une partie des animaux pour ſervir
de nourriture indiſpenſable à l'homme,
en cherchant à les faire ſouffrir le moins
que poſſible, & en nous donnant les ſoins
néceſſaires pour en conſerver l'eſpece,
nous agiſſons d'une maniere conforme aux
lois de la nature & de la morale ; nous
employons à notre conſervation & à celle
des autres hommes ce qui ſemble y être
deſtiné par le Créateur.

§. IX. La morale Théologique ſe diſtingue encore de la Philofophique, en ce qu'elle exige de nous des vertus abfolument défintéreffées : elle veut que nous fuyions le mal, & que nous faffions le bien uniquement par rapport à Dieu. Elle admet auffi à la vérité le précepte de l'amour de foi-même & du prochain, mais elle envifage cet amour même comme un devoir qui réfulte de l'amour envers Dieu ; & cela par le principe que Dieu doit aimer toutes fes créatures comme l'ouvrage de fes mains ; que nous ne faurions donc, par la nature même de l'amour, lui plaire qu'en nourriffant des fentimens d'amitié envers tous ceux que le fouverain Maître honore de fon affection. Or, comme la morale chrétienne ne confidere la vertu que par rapport à Dieu, & qu'elle tient toutes les actions qui fe font par d'autres vues, ou pour coupables, ou du moins pour imparfaites & peu capables de plaire à l'Être fuprême, elle ne regarde les avantages qui en réfultent en faveur de la fociété, que comme des fuites utiles de la vraie vertu chrétienne, & elle tire de ce principe de nouveaux argumens pour y encourager les humains.

§. X. De ce qui vient d'être dit, il

s'enfuit une feconde différence entre la morale chrétienne & la philofophique. La premiere ajoute à la feconde encore de nouveaux motifs à la pratique de la vertu. Celui de la rédemption & du pardon obtenu par Jefus-Chrift n'en eft pas un des moindres. Voici comme elle raifonne : Si Dieu a aimé tellement les hommes, qu'il leur a montré le moyen par lequel le mal caufé par leur propre faute pouvoit être aboli, ce feroit la plus grande ingratitude & une haine envers foi-même, fi l'homme ne cherchoit point à être reconnoiffant de cet amour, à le mériter & à embraffer les moyens de plaire à Dieu. Un troifieme motif pris également du mérite de Jefus-Chrift vient ici fe joindre aux deux premiers. Selon la doctrine du chriftianifme, l'homme naturel manque du pouvoir de pratiquer toutes les vertus qui font agréables à Dieu ; mais cette même doctrine nous apprend d'un autre côté les conditions fous lefquelles il eft poffible de plaire à cet Être fi faint & fi parfait, & donne ainfi au chrétien l'efpérance qu'il ne travaillera jamais en vain.

§. XI. Enfin la morale chrétienne eft d'une plus grande efficace dans l'adver-

sité que la philosophique. Elle porte avec
soi une consolation admirable dans le
malheur & dans la mort même ; & le
chrétien peut dire avec l'Apôtre, que *la
Piété* (ou la pratique de la morale évangélique) *est bonne à toutes choses, ayant
l'espérance de la vie présente, & de celle
qui est à venir.*

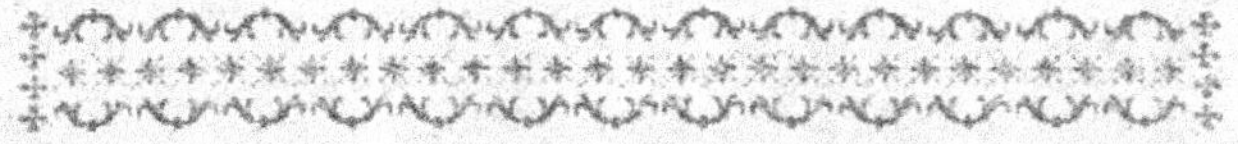

LIVRE PREMIER.

CHAPITRE VI.

LA THÉOLOGIE POLÉMIQUE ou *la Controverse*.

§. I.

ON ne peut assez déplorer que l'Eglise du Dieu de paix soit une *Eglise militante*, & que la doctrine si simple & si claire de l'Evangile ait fait naître la discorde parmi les Chrétiens même. Cependant, comme la vérité est si difficile à trouver en toutes choses, & principalement en matiere de religion ; que l'ambition & l'intérêt la couvrent souvent de nuages ; que les hommes ont une façon d'envisager les objets, si différente les uns des autres, & que l'erreur paroît toujours dans le monde sous le masque de la vérité; il est juste que la vraie religion soit munie d'armes pour combatre l'erreur, & qu'elle puisse lui arracher ce masque trompeur qui séduit tant de pauvres mortels. C'est de la combinaison de ces idées qu'est sortie la controverse, & c'est la polémique qui forme pour ainsi dire l'arsenal où ces armes sont déposées, qui enseigne en même temps les moyens de s'en servir, & que l'on pourroit nommer l'art de la guerre théologique.

§. II. Le Théologien qui a fait de bonnes études préparatoires, & qui est solidement instruit dans la religion naturelle, la dogmatique & l'herméneutique, qui possede avec cela une bonne Logique, est déjà très-propre à ce combat spirituel. Il est armé, mais il faut encore lui enseigner à se servir de ces armes. Il faut même lui montrer les ennemis qu'il a à combattre, & lui apprendre quelle est la force, ou quelles sont les ruses qu'ils lui opposeront. L'on voit assez que je ne parle ici que d'armes spirituelles, que de celles qui nous sont fournies par la raison & la sainte Ecriture. Malheur à celui qui en emploie d'autres. La violence fut toujours une preuve infaillible du défaut de raison. La propagation d'une religion par les armes, à la maniere de Mahomet, les persécutions sourdes ou ouvertes, les contraintes, les voies de fait, les guerres de religion, toutes ces choſes ſont ſi odieuſes, ſi contraires à l'eſprit de l'Evangile, ſi abominables en un mot, que le chrétien ne peut que détourner les yeux de ſemblables horreurs.

§. III. La controverſe ſe fait ou en chaire dans la prédication, ou par la converſation, ou dans des livres & écrits. La premiere qualité du controverſiſte eſt d'avoir *raiſon*, & la ſeconde d'avoir de la *modération*. De quelque maniere qu'il puiſſe combattre, ces deux qualités doivent ſe manifeſter dans ſa maniere de diſputer le terrein.

§. IV. Il y a des erreurs qui attaquent le *ſyſtême* de la religion, il y en a d'autres qui attaquent même ſa *morale*. Pour bien combattre une erreur, il faut commencer par bien ſaiſir le vrai ſens de cette erreur ; donc il faut étudier les différens ſyſtêmes des autres religions & des principales héréſies, pour pouvoir les réfuter avec ſuccès. On n'entend pas par-là que le Théologien doive connoître toutes les erreurs qui naiſſent dans le cerveau de chaque individu ; on ne parle que de celles qui ſont ſuivies par des ſectes entieres.

§. V. Ceux qui attaquent notre religion, fondent leurs opinions ou ſur l'interprétation du texte ſacré, ou ſur la philoſophie, ou ſur l'hiſtoire. Il faut toujours leur oppofer les mêmes armes avec lefquelles ils prétendent combattre. Il eft néceffaire de commencer par fe dépouiller foi-même de tout préjugé, pour faire appercevoir d'autant mieux aux autres ceux dont ils font atteints. Il ne faut jamais relever, fur-tout lorfqu'on lutte contre des efprits foibles, des abus dans les termes de l'art, ni jamais faire la guerre aux mots & aux paroles, ne point combattre des opinions erronées dans les chofes accidentelles, mais s'attacher uniquement au gros de l'arbre, à l'erreur principale, la faifir, la renverfer, la détruire.

§. VI. On enfeigne la Théologie polémique dans les Univerfités de deux manieres, felon les vues de l'étudiant. S'il ne fe propofe de l'apprendre que pour pouvoir garantir un jour fes paroiffiens des erreurs dominantes, il ne fait qu'examiner les controverfes les plus célebres felon l'ordre de la Théologie fyftématique, & fe contente de favoir leurs vrais fyftêmes avec les argumens qu'on leur oppofe. Mais s'il a deffein d'enfeigner luimême cette fcience à d'autres, ou de s'engager dans des controverfes, foit verbales, foit par écrit, s'il afpire enfin à la célébrité, il eft obligé d'étudier l'origine & l'hiftoire de chaque controverfe, de fe mettre folidement au fait des argumens

pour

pour & contre, des exceptions qu'elle fait, de ses intérêts, de ses différentes révolutions, de ses changemens & de son état actuel, &c. On suit dans cette étude, ou l'ordre établi dans la dogmatique, ou celui qui est employé dans les livres symboliques.

§. VII. Pour répandre encore plus de jour sur la méthode de ce genre d'étude, nous dirons que pour acquérir une connoissance parfaite des disputes Théologiques, l'étudiant doit faire, 1°. l'examen de chaque religion, & même de chaque controverse; 2°. approfondir son systême dans les livres symboliques & dans les sources de cette religion même ; 3°. déterminer bien exactement l'erreur capitale & principale de chaque religion, secte, ou individu, qui devient la source de toutes ses autres erreurs qui en découlent ; 4°. rechercher les causes politiques de chaque erreur & de chaque controverse dans l'histoire ; 5°. examiner l'ordre naturel selon lequel toutes les erreurs ont pris naissance les unes dans les autres ; & enfin 6°. confronter les argumens mutuels, les réponses & les exceptions que chaque parti a faites pour défendre sa cause. On ajoute à tout cela, 7°. ce qu'on nomme un *Collegium disputatorium*, exercice par lequel, sous les yeux du

Tome I. D

Profeſſeur, on anime & vivifie ce qu'on a appris, ſoit dans les écoles, ſoit dans ſon cabinet, & l'on accoutume l'eſprit à penſer, & la langue à agir rapidement.

§. VIII. Les combats principaux que le Théologien peut avoir à livrer, ſont 1°. contre ceux qui n'admettent point de religion révélée, comme les athées, les déiſtes ; 2°. contre ceux qui admettent une religion révélée, mais qui n'adoptent pas la vraie révélation, comme les Païens, les Mahométans, &c. 3°. contre ceux qui ne croient qu'à une partie de la vraie révélation, comme les Juifs ; 4°. contre ceux qui ajoutent à la vraie révélation des choſes étrangeres, comme des traditions, &c. 5°. contre ceux qui interpretent mal le texte ſacré de la révélation, & en ont tiré des ſyſtêmes erronés, comme les hérétiques & les ſchiſmatiques, &c. & enfin 6°. contre ceux qui font un abus de certaines expreſſions de la révélation, & bâtiſſent ſur des viſions creuſes des ſyſtêmes ridicules, comme les fanatiques, les trembleurs, &c.

§. IX. Selon cette diviſon le Théologien trouve à combattre principalement,

    1. Les Athées, ayant Spinoſa à leur tête.

    2. Les Déiſtes.

    3. Les Païens & les Idolâtres.

4. Les Mahométans.
5. Les Juifs modernes.
6. Les Ariens & les Manichéens, ou plutôt ceux qui suivent aujourd'hui leurs anciennes erreurs.
7. Les Sociniens.
8. Les Catholiques opposés aux Protestans, &
9. Les Protestans opposés aux Catholiques.
10. Les Molinistes opposés aux Jansénistes, &
11. Les Jansénistes opposés aux Molinistes.
12. Les Réformés opposés aux Luthériens, &
13. Les Luthériens opposés aux Réformés.
14. Les Arminiens.
15. Les Anabaptistes.
16. Les Weigeliens.
17. Les Quakers ou Trembleurs.
18. Les Fanatiques, à la tête desquels est Jacob Bohm.
19. Les prétendus nouveaux Prophetes.
20. Les Indifférentistes.
21. Les Piétistes.
22. Les Freres Moraviens ou les Herrenhuters, &c.

§. X. Comme chacune des religions

communions ou héréfies fus - mention-
nées n'a pas craint de faire paroître fes
dogmes & fa croyance au grand jour ,
le Théologien doit s'inftruire foigneufement des livres fymboliques dans lefquels chacune a renfermé fon fyftême,
les étudier , en faire une bonne analyfe
fur la méthode que nous venons de pro-
pofer , & réfléchir aux argumens les
plus vrais & les plus folides pour les
détruire.

§. XI. Avant que de quitter tette matiere , il eft très - effentiel de faire une
remarque , ou plutôt de donner un avertiffement aux jeunes Théologiens , c'eft
que la polémique eft utile & même
néceffaire à l'étude de la Théologie en
général ; mais c'eft une difcipline qu'il
faut traiter avec modération & prudence. C'eft un art dangereux que celui de
la difpute en général ; c'eft un art très-
captieux , un art infiniment périlleux que
celui de difputer fur la religion. L'étudiant doit bien fe mettre dans l'efprit
qu'il n'y a aucune fecte , aucune communion fur la terre qui ait faifi la vérité
dans tous fes dogmes fans exception ;
qu'il y a des erreurs de détails dans toutes les religions ; & que l'infaillibilité
abfolue n'a jamais été ni de fera jamais
l'apanage de l'humanité. L'étudiant doit

se repréſenter que les maîtres qui l'enſeignent ou les livres qui l'inſtruiſent ſont
toujours partiaux en faveur de la religion qu'ils profeſſent ; que quand il aura
ſoutenu des theſes , que quand il aura
terraſſé ſes adverſaires dans un college
de diſpute , (où ſes adverſaires , ainſi
que ſes préſidens , ſont de la même
croyance que lui , & ne manquent point
en conſéquence de lui adjuger la victoi-
re ;) il doit être perſuadé que cette vic-
toire n'auroit pas été auſſi facile , s'il
avoit combattu contre des adverſaires
habiles de la religion oppoſée ; il doit ſe
rappeller qu'on triomphe ſans gloire ,
quand on combat ſans péril ; il ne doit
pas être vain de ſes lauriers , ni ſe croire
un grand docteur ; vu qu'il eſt très-poſ-
ſible qu'il ſoit ſorti victorieux d'une pa-
reille diſpute , qu'il ait reçu de grands
applaudiſſemens de ſes Profeſſeurs & de
ſes collegues , & qu'il ait cependant raiſonné comme un ſot.

§. XII. D'un autre côté les Théologiens les plus habiles , & les Profeſſeurs
les plus conſommés dans leur ſcience,
doivent être toujours en garde contre
les abus de la Théologie polémique, qui
ſert ſouvent moins à éclaircir & à conſ-
tater la vérité des dogmes d'une communion , qu'à éterniſer la haine & la

discorde entre les Chrétiens. Tout Théologien devroit se rappeller qu'il ne sauroit par la nature de la chose même, produire en faveur de ses theses & de ses opinions des argumens *démonstratifs* , mais que ces argumens ne sont bons & triomphans que par leurs degrés de probabilité & d'évidence, & qu'enfin c'est un orgueil aussi ridicule qu'insupportable de s'imaginer que tout homme qui ne pense pas précisément comme nous, soit plongé dans des erreurs grossieres.

LIVRE PREMIER.

CHAPITRE VII.

LA THÉOLOGIE PASTORALE.

§. I.

APRÈS avoir parlé des Sciences théorétiques de la Théologie, nous paffons à celles qui regardent la pratique.
Ce feroit enfouir les talens que Dieu a
donnés au Théologien & les études qu'il
a faites, s'il ne les employoit à l'édi-
fication de fon prochain & à l'avantage
de l'Eglife. La vocation qui l'attend dans
la fociété le conduit à des travaux conf-
tans & pénibles. Il va être chargé de *la
cure des Ames*, de l'inftruction de la jeuneffe, de la prédication de l'Evangile,
de la conduite d'un troupeau, de l'ad-
miniftration des facremens, de la vifite
des malades & des mourans, du foin de
calmer les confciences timorées, de porter

la confolation dans le cœur des affligés, & de mille autres fonctions également importantes & difficiles. Les fciences pratiques qu'on lui propofera ici, font fes guides dans cette vafte carriere.

§. II. On divife ordinairement la Théologie paftorale en trois parties, qui font,

1°. La Théologie homélitique.

2°. La Théologie catéchétique.

3°. La Théologie cafuiftique ; à quoi l'on ajoute,

4°. La Prudence confiftoriale, qui fuppofe l'étude du Droit Canon.

5°. La Prudence dans l'exercice des différens cas du miniftere.

Comme l'Homélie fait partie de l'éloquence & appartient par conféquent aux fciences qui prennent leur fource dans le génie, & que le Droit canon appartient au fyftême géneral du Droit civil, nous nous réfervons d'en parler en fon lieu, & le lecteur pourra chercher l'analyfe de chacune de ces fciences à leur place naturelle ; les autres fuivront immédiatement ci-après.

§. III. C'eft en vain que l'homme d'églife poffféderoit toutes les fciences qui appartiennent à fon état, qui peuvent rendre fa prédication agréable & même fon nom célebre, s'il ne donne l'ame & la vraie efficace à fon miniftere par une *bonne conduite.* C'eſt la premiere regle de la Théologie paſtorale. Il eſt à la tête d'un troupeau & il doit le conduire. Quelle abſurdité, ſi ſes paroles & ſon exemple ſont ſans ceſſe en contradiction ! Quel ſcandale, s'il n'eſt pas le premier à pratiquer les leçons de ſageſſe qu'il donne ! Quelle indécence, ſi tandis qu'il édifie par ſes ſermons, il choque par ſes mœurs ! Quelle baſſeſſe, s'il ſe glorifie même de ſes irrégularités ! Il eſt moins honteux à un militaire de raconter qu'il a ſouffert un affront, qu'à un Eccléſiaſtique de ſe vanter de ſes débauches ! L'un & l'autre déshonorent leur état.

§. IV. Mais cette ſageſſe dans la conduite doit être éloignée de toute affectation dans un extérieur compoſé. Un habillement bizarre, en air d'auſtérité, une tête panchée, des yeux tournés vers le ciel, des mains toujours jointes, un ſon de voix plaintif, une démarche de coq d'Inde, des ſcrupules recherchés ſur des choſes indifférentes, un ton dogmatique & paſtoral dans la vie ordinaire, la ridicule manie de trouver le péché dans les actions innocentes, de confondre le plaiſir avec le crime, de ſe faire l'ennemi de la joie, le plus grand bienfait que Dieu ait accordé aux humains, & cent autres platitudes pareilles dont les

D v

dévots font un étalage qui choque le bon
fens, la morale évangélique, & qui flétrit
leur miniftere plus qu'il ne le rend refpec-
table aux yeux du fage ; ce font là des
écueils contre lefquels le jeune Théologien n'eft que trop fujet à échouer, &
dont on ne fauroit affez l'avertir.

§. V. Après cet avertiffement charita-
ble, & cette courte introduction, paffons
à l'examen même des différentes difciplines dont la réunion forme le fyftême complet de la Théologie paftorale, partie la
plus importante peut - être de la fcience
théologique. Le but de la révélation a été
fans doute de conduire les hommes par la
foi à une vie vertueufe. Ce n'eft pas par
les opinons ou par le favoir des foibles
mortels qu'on doit déterminer leur vraie
valeur : c'eft la fageffe, la régularité de
leur conduite qui fixe leur prix. L'expérience prouve qu'un grand génie, qu'un
homme très-inftruit, peut être un grand
fcélérat, qui ne fauroit plaire ni à Dieu,
ni a fon prochain. Le chrétien vertueux,
au contraire, doit être agréable à l'un &
à l'autre. Il s'enfuit que cette partie pratique de la Théologie qui conduit les
hommes à une conduite vertueufe, eft la
plus importante de toutes.

LIVRE PREMIER.

CHAPITRE VIII.

La Théologie Catéchétique.

§. I.

ON appelle Théologie catéchétique *l'art d'enseigner à la jeunesse & aux personnes peu instruites les points principaux de la doctrine de l'Evangile, tant pour les dogmes que pour la morale.* Cette application des sciences théorétiques du Théologien doit naturellement être mise à la portée des plus simples. C'est un talent qui n'est pas donné à chacun, que celui de composer ou d'enseigner le catéchisme ; & c'est un art très-nécessaire dans l'Eglise Chrétienne.

§. II. La plus grande difficulté consiste ici à séparer les articles de foi absolument essentiels & indispensables au salut de tous les hommes, d'avec ceux qui sont

D vj

plus spéculatifs, plus captieux, plus sujets
à contradiction & moins nécessaires à
celui qui ne fait point profession de la
Théologie. Cependant, comme les enfans ne restent pas toujours enfans, &
que l'Eglise est composée de personnes
de tout âge & de tout sexe, il est nécessaire dans l'explication du catéchisme
d'employer divers degrés de simplicité
proportionnés à l'âge & aux facultés de
ceux qu'on doit instruire. Il est bon de
faire apprendre par cœur à la jeunesse
les theses fondamentales de la Religion,
telles qu'elles sont contenues dans un bon
catéchisme, & de les expliquer dans des
leçons particulieres. C'est le moyen le
plus naturel & le plus usité pour mettre
une jeune personne en état de rendre
raison de sa foi. Les sermons que l'on
fait dans l'Eglise Catholique sur la controverse, & dans l'Eglise Protestante sur
le catéchisme, servent à instruire ceux
qui ont atteint un âge plus mûr & dont le
jugement est plus formé. Ces sermons
forment une espece de cours de Dogmatique & de Polémique à la fois.

§. III. Soit dans la catéchisation privée,
soit dans les sermons qui roulent sur le
catéchisme, le Théologien doit s'abste-
nir le plus qu'il est possible de faire usage
des termes de l'art, ou (ce qui vaut

encore mieux) il doit commencer par expliquer ces termes mêmes & en donner des définitions si claires & si précises , que ceux qui sont doués du plus médiocre discernement ne puissent pas s'y tromper. Enfin il doit plus chercher à prouver qu'à persuader , & comme l'éloquence persuade quelquefois au défaut de la vérité , il doit s'appliquer ici à écarter de son discours cette éloquence séductrice , & y substituer la solidité & la justesse du raisonnement.

§. IV. Le catéchumene qu'on doit instruire n'a pas besoin seulement de connoître à fond sa Religion & les fondemens sur lesquels elle est appuyée; mais aussi les dogmes des autres Religions & les preuves sur lesquelles ils sont fondés. Un livre captieux , sophistique & spécieux peut tomber dans ses mains , il peut se trouver entraîné dans une dispute de religion avec un adversaire adroit. Il est nécessaire de le munir d'armes offensives & défensives pour la soutenir avec succès , pour convertir s'il est possible son antagoniste & pour travailler ainsi à la gloire de la vérité & de la Religion. Il faut donc que le Théologien qui doit l'instruire lui apprenne *de bonne foi* les dogmes principaux des autres Religions & les argumens qu'on emploie dans chacune pour prouver ses theses.

LIVRE PREMIER.

CHAPITRE IX.

La Théologie Casuistique.

§. I.

HEUREUSEMENT pour le genre humain & pour la société, tous les hommes ne sont ni assez pervers ni assez insensibles pour demander *quel animal c'est qu'une conscience*, & pour n'être jamais atteints de remords. Heureusement la plupart des humains sentent que toutes leurs actions ne sont pas conformes aux Lois dictées par la sagesse divine, ni aux regles de l'équité naturelle; qu'ils sont affligés de les avoir commises, & que le desir si noble & si beau d'éviter à l'avenir ces écueils dangereux s'éleve dans leur ame. Calmer ces ames en tumulte, appaiser ces consciences timorées, porter les consolations de la grace dans les cœurs abattus, expliquer, déterminer

les cas douteux, guider ceux qui se sont
égarés, leur montrer le bon chemin,
appuyer les foibles, convaincre ceux qui
persistent encore dans leurs erreurs, ef-
frayer les cœurs endurcis, intimider les
méchans, réveiller les indolens & conduire les Chrétiens qui sont confiés aux
soins de leur Pasteur dans la voie qui
mene à la vraie félicité, ce sont là les
objets importans dont s'occupe la Théologie casuistique, & pour lesquels elle
fournit quelques instructions.

§. II. Dans un sens moins vague,
moins étendu, on entend par la Théologie casuistique la science de décider les
cas douteux de la morale Théologique
& de calmer les scrupules de conscience
qui naissent dans l'ame du Chrétien pendant le cours de sa vie.

§. III. Les études relatives à ces objets
que les Théologiens sont censés avoir
faites, & la confiance que le Chrétien
vulgaire met ordinairement en ses Pas-
teurs, leur fournissent les moyens & les
occasions de rendre des services signalés
à ceux de leurs Concitoyens qui ont besoin de leurs conseils & de leurs secours.
Pour un esprit philosophique, pour un
Chrétien foncé dans la Théologie, il y
en a mille dans la société qui ne le sont
point, & qui néanmoins veulent être

instruits, guidés, consolés, raffurés. Il eft donc également jufte & important que celui qui fe voue au fervice de l'Autel, étudie de bonne heure tous les moyens qui peuvent le rendre propre à remplir dignement cette partie importante de fon miniftere.

§. IV. A Dieu ne plaife cependant que j'approuve l'abus qui fe fait dans quelques pays de la Chrétienté des principes que je viens de développer ici. Réduire ces objets en fyftême, faire de la direction des confciences un art, un métier formel, pourvoir chaque maifon d'un Directeur comme on y engage un Médecin, un homme d'affaire, un portier, s'infinuer par là dans toutes le familles & fe rendre dépofitaire de tous leurs fecrets, femer quelquefois la zizanie entre mari & femme, ou entre les plus proches parens ; faire fervir la confiance des ouailles à les diriger dans des vues toujours mondaines, & quelquefois même criminelles ; anéantir le pouvoir légitime & facré d'un pere de famille & affoiblir fon autorité paternelle pour y en fubftituer une étrangere ; miner la confiance, l'union, la concorde des familles pour affermir cette feconde autorité & pour fe rendre néceffaire ; s'emparer de l'efprit & fouvent du cœur d'une femme ou d'une fille

& en général des ames foibles ; leur pres-
crire des mommeries ridicules , qui les
conduisent au fanatisme & à mille supers-
titions dangereuses , ou des pratiques religieuses qui les détournent de leurs fonctions & devoirs domestiques , & s'attribuer en un mot un pouvoir absolu sur les
consciences , c'est là une invention per-
nicieuse , qui n'a aucun fondement dans
l'Ecriture sainte , qui est contraire à la
morale de l'Evangile , au bien de la société , aux intérêts de l'Etat & à l'autorité souveraine , & qui mériteroit même
un châtiment exemplaire.

§. V. Mais la cure des ames bien en-
tendue & asservie à ses justes bornes ,
differe infiniment de ce pouvoir despo-
tique. Celui qui en est chargé par une
vocation légitime , doit considérer qu'il
aura affaire à quatre especes de personnes.
1°. A des esprits foibles , peu instruits ,
& qui manquent de lumieres. 2°. A des
personnes affligées & dont l'ame est abat-
tue par de grands revers. 3°. A des consciences délicates & timorées, qui souffrent
de leurs scrupules soit vains , soit justes &
raisonnables , & 4°. enfin à des méchans ,
des pervers & des hommes endurcis dans
le crime. Le grand art consiste à présenter
à chacune de ces quatre classes de personnes la vérité d'une maniere si lumi-

neufe, fi évidente & fi générale qu'il ne leur refte plus de doutes, que la conviction en réfulte, & que le calme ou la converfion en foit l'effet.

§. VI. La vérité en elle-même eft une chofe très-problématique ; chacun croit la connoître, la faifir, l'avoir pour guide, la poff"éder ; chacun croit avoir raifon. Il faut donc commencer par la bien démêler dans l'objet qui fe préfente & l'établir fur des fondemens inébranlables. L'art de faire connoître cette vérité à d'autres n'eft pas moins un art infiniment difficile. Tous les yeux ne font pas faits pour l'appercevoir au premier coup d'œil, ni tous les efprits pour la faifir fous le même point de vue. Tantôt les hommes veulent être convaincus par des raifonnemens abftraits ou philofophiques ; tantôt par les décifions formelles de l'Ecriture fainte, tantôt par des autorités, tantôt par des remontrances douces, tantôt par des menaces terribles , tantôt par une expofition adroite des conféquences funeftes & néceffaires qui réfultent de leur conduite, tantôt par les promeffes flatteufes de l'Evangile ; tantôt il faut heurter de front le vice , tantôt il faut ramener les vicieux dans le bon chemin par des fentiers détournés ; tantôt il faut dépeindre aux hommes leurs erreurs ou leurs crimes avec force , & tantôt les leur faire simplement entrevoir ; tantôt il faut flatter une de leurs inclinations favorites pour leur faire abandonner des paſſions plus pernicieuſes , & ainſi du reſte.

§. VII. Comme il eſt impoſſible que les Livres immenſes qui ont été écrits ſur ces matieres , puiſſent contenir tous les cas que le miniſtere évangélique offre tous les jours ; que ces cas n'ont pas toujours été bien décidés par les Auteurs ; que la lecture de tant d'énormes ouvrages prendroit trop de temps au Théologien , & le détourneroit de ſes autres études ; qu'il y a ſouvent dans les Caſuiſtes des ſubtilités puériles & des chimeres pitoyables , il eſt à propos que les Miniſtres de l'Autel , que l'on ſuppoſe être fonciérement inſtruits des principes , des dogmes & de la morale de la Religion Chrétienne , cherchent à tirer de leur propre fonds les moyens qu'ils veulent employer dans chaque occurrence , & qu'ils ne cherchent point leurs déciſions dans les livres. Il faut pour cet effet , 1°. qu'ils s'accoutument à raiſonner ſur les regles d'une bonne Logique ; 2°. qu'ils apprennent à bien connoître le cœur humain dans ſes différentes modifications ; les divers caracteres des hommes , leurs ruſes , leurs paſſions principales ; 3°. qu'ils ne cherchent point à les gagner ou à les convaincre par de petites fraudes pieuses, par des sophismes heureux présentés avec art; 4°. qu'ils ne leur infligent point ce qu'on appelle des pénitences, qui sont le comble du ridicule; 5°. qu'ils ne leur prescrivent point de mommeries, point de pélérinages, point d'austérités, ni mille choses pareilles, qui ne sauroient jamais porter une conviction réelle avec soi, & qui ne font que détourner les hommes de leurs travaux & des devoirs de la société; mais 6°. qu'ils leur présentent toujours, comme je viens de le dire, & comme je ne saurois assez le répéter, la vérité dans toute sa force & dans toute sa pureté.

§. VIII. Cette vérité cependant n'est pas ennemie de l'éloquence sacrée. Celle-ci sert au contraire à introduire la vérité dans l'ame d'un auditeur, & à y laisser des traces profondes que le temps, l'oubli, le monde & ses distractions ne sauroient effacer si facilement. Tout ce qu'on nomme *Actes ministériaux*, consiste à enseigner, prêcher, confesser, administrer les Sacremens de l'Eglise, visiter les malades & les mourans; consoler les affligés, & secourir par des secours spirituels tous ceux qui en ont besoin. L'éloquence est d'un grand secours & d'une

grande efficace dans tous ces différens
cas, & sans l'affecter il ne faut jamais
la perdre de vue. Quelques Professeurs
dans les Universités font à leurs auditeurs
un cours complet & systématique de
Theologie pastorale qu'ils peuvent entendre avec fruit.

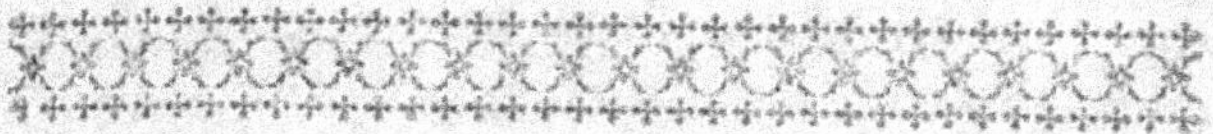

LIVRE PREMIER.

CHAPITRE X.

La Prudence consistoriale, ou la Prudence de l'Eglise en général.

§. I.

PARMI les sciences pratiques de la
Théologie, on ne sauroit passer
sous silence celle qu'on nomme la Prudence consistoriale ou ecclésiastique, &
qui a pour objet l'ordre & l'arrangement
extérieur de l'Eglise Chrétienne sur des
principes fondés dans l'Ecriture sainte,
& propres non-seulement à maintenir la

Religion dans sa pureté & sa splendeur ; mais aussi à obvier à tous les schismes, dissensions & séparations quelconques. Cette science est nécessaire dans les Conciles, dans les Synodes, dans les Consistoires & dans les Facultés de Théologie. Il ne faut pas cependant la confondre avec la Jurisprudence ecclésiastique, qui est l'art d'interpréter & d'appliquer les Lois émanées du souverain pour les personnes, les biens & les affaires d'Eglise ; tandis que la Prudence consistoriale a pour objet l'arrangement de l'Eglise même & de l'Etat ecclésiastique sur des maximes raisonnables & chrétiennes. L'une est une espece de législation même, l'autre au contraire une application des Lois civiles.

§. II. Cette Prudence théologique embrasse donc premiérement tout le plan du gouvernement de l'Eglise, & l'arrangement de l'Etat ecclésiastique ; secondement l'ordonnance des cérémonies extérieures & du culte divin ; & enfin la discipline de l'Eglise, les erreurs, les schismes, les héréfies & dissensions qui naissent dans la Chrétienté. Le fondement de cette Prudence est de connoître à fond l'essence de la Religion Chrétienne & d'en savoir tirer de justes conséquences.

§. III. Il s'agit ensuite d'apprendre à

décider quelle est la différence entre les Ecclésiastiques & les Laïques ; si cette différence existe & si elle est réelle ; si l'Eglise forme un état distinctif dans l'Etat; à qui appartient le droit de décider *circa sacra* ; quelles sont à cet égard les limites du pouvoir spirituel & temporel ; ce que c'est que la Hiérarchie de l'Eglise & quels sont ses droits & privileges ; à qui appartient la nomination d'un Prêtre ou d'un autre Ecclésiastique selon l'ordonnance divine ; à qui est confié le droit de prêcher en public , d'administrer les Sacremens & d'exercer le pouvoir d'excommunier , de bannir ou de faire rentrer un Chrétien en particulier , ou même un pays entier dans le giron de l'Eglise , les bans & les interdits , l'exercice des études sacrées ou théologiques , les Ecoles , les Séminaires , les Universités & les Académies , les Classes , les Couvens , & ainsi du reste ; tous objets fort contestés & fort vigoureusement défendus.

§. IV. La Prudence consistoriale examine encore les lithurgies, les cérémonies & pratiques religieuses , les bréviaires , les rituels , les livres de cantiques , les livres de dévotion adoptés par l'Eglise , les formulaires , les objets de discipline , &c. &c. les symboles , les confessions de foi , les catéchismes , & beaucoup d'autres chofes pareilles. Enfin les doutes & les objets de controverfe qui donnent lieu à la tenue des Synodes & des Conciles ; la queftion fi le Pape eft au deffus des Conciles, ou les Conciles au deffus du Pape ; l'ufage de la *Théologie elench-tique* & de *l'Élenchie publique* ; la réu-nion & la féparation de l'Eglife dont les Syncretiftes & les Iréniens difputent ; les divorces plus ou moins permis ; les affai-res matrimoniales, confiftoriales, &c. &c.

§. V. Toutes ces matieres, & une in-finité d'autres qui en naiffent ou qui y ont des rapports directs, demandent à être approfondies, réduites en un fyftê-me régulier, éclaircies, déterminées fur des principes folides, & prouvées par des exemples juftes & concluants. Il en ré-fulte ce qu'on nomme la Prudence Ec-cléfiaftique. Elle n'a pas encore été ré-duite en fyftême ou en difcipline for-melle, d'autant plus qu'elle a été tou-jours confondue avec la Jurifprudence eccléfiaftique ; mais elle differe au fond autant de celle-ci que la Prudence poli-tique differe de la fcience du Droit pu-blic.

LIVRE

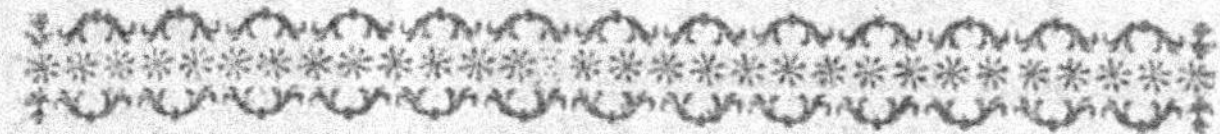

LIVRE PREMIER.

CHAPITRE XI.

La prudence du Théologien dans les divers cas du Ministere.

§. I.

INDÉPENDAMMENT de la Théologie casuistique, dont on a traité au Chap. IX. & de la prudence de l'Eglise en général, dont on vient de parler au Chap. X. le Théologien a encore besoin d'une grande sagesse dans l'exercice particulier de son ministere, & plusieurs Docteurs habiles ont réduit cette science en systême, & ont donné des préceptes généraux & des regles particulieres pour la conduite du Ministre de l'Autel dans les divers cas où il peut se trouver à cet égard. On nous dispensera de développer ces différens systêmes, qui vont dans des détails infinis. *Conrad*

Porta a donné un ouvrage sur cette matiere, qu'il intitule *Pastorale Lutheri; Stoltzelinus, Kortholt, Philippe Hahn, Hartmann*, & quantité d'autres Théologiens en ont écrit de gros volumes, & l'on peut consulter sur-tout le Livre du *Docteur Jean Mayer*, sur cette matiere, qui a pour titre *Musæum Ministri Ecclesiæ*. Je me dispense d'autant plus volontiers de rapporter les noms & les titres d'autres ouvrages de ce genre, que je me suis fait une loi d'éviter le plus qu'il m'est possible ces sortes de citations ; que les nouveaux Livres qui paroissent continuellement sur toutes sortes de matieres, renchérissent souvent sur les anciens & les envoient au rebut, & que pour la partie de la Théologie dont il s'agit ici, chaque Communion chrétienne a ses Auteurs particuliers, qui la traitent en conséquence de ses dogmes, & des principes qu'elle a adoptés.

§. II. La manie de tout réduire en systême s'est aussi emparée de cette matiere, qui au fond ne paroîtroit avoir besoin d'aucune doctrine particuliere, ou qui auroit pu être comprise sous quelque autre partie de la Théologie. Mais comme cette distinction est une fois reçue, il est de notre devoir de la faire connoître pour l'instruction de ceux qui se vouent à

l'Autel. La prudence Théologique est
pour eux & pour leur ministere, ce que
la prudence politique est pour l'homme
du monde & pour le commerce de la
vie. C'est l'art de parvenir à son but ;
& comme chaque état dans la vie a ses
diverses fins particulieres, les Théologiens ont aussi naturellement les leurs ;
& les préceptes de la prudence théologique sont faits pour les y conduire.

§. III. Mais comme il s'en faut de beaucoup que les dogmes des diverses Communions chrétiennes, les cérémonies, les
rites & les objets que les Théologiens
se proposent ne soient les mêmes, chaque Communion, chaque Secte ne suit
pas à cet égard les mêmes regles & préceptes, ni ne part des mêmes principes.
Tout ce qu'on peut faire dans cette diversité d'opinions & cette contrariété de
maximes, c'est d'indiquer en peu de mots
les principaux objets que les uns ou les
autres comprennent, sous cette partie de
leur Théologie pastorale.

§. IV. C'est ainsi que la THÉOLOGIE
ASCÉTIQUE traite de divers exercices
particuliers de piété ; & les principes
qu'elle pose à cet égard, guident le Ministre de l'Autel dans la pratique qu'il
en recommande, comme dans plusieurs
cas de son Ministere ecclésiastique. Les

jeûnes, les pélérinages, & diverses choses semblables, sont du ressort de la
Théologie ascétique, & nous n'en voulons point condamner l'usage, parce que
nous écrivons pour des lecteurs de toutes sortes de Communions. Mais la vérité
nous force à remarquer que la Théologie ascétique dans toutes les Communions est née de faux principes attribués
à la morale chrétienne, & qu'elle est
bien plus fondée sur la superstition que
sur la Religion. La vie monastique, dont
on ne trouve pas la moindre trace dans
les saintes Ecritures, & qui est si contraire à la sagesse & à la sainteté de Dieu;
la vie contemplative, qui ne s'occupe
que de spéculations théorétiques & sté-
riles, & qui est une mort perpétuelle
pour la pratique des devoirs du citoyen
& des vertus civiles; les châtimens cor-
porels que de pieux visionnaires s'infligent par des disciplines, & mille absurdités semblables, sont les fruits du fanatisme, & l'essence de la Théologie ascétique.

§. V. On pourroit encore y comprendre la Confession & l'Absolution, inventions modernes dont il ne se trouve pas
le moindre vestige dans l'Evangile, in-
connues à Jesus-Christ & à ses Apôtres,
à moins qu'on ne veuille tordre & déff-

gurer le texte, & faire un étrange abus
des mots & des phrases les plus simples;
inventions enfin, qui font plus politiques
& financieres que divines. Quoi qu'il en
soit, la Théologie ascétique prescrit des
maximes générales pour la Confession &
l'Absolution, & des préceptes particuliers pour les Prêtres dans les confession-
naux.

§. VI. LA THÉOLOGIE PARACLÉ-
TIQUE au contraire ne s'occupe qu'à recueillir un amas considérable de consolations contre les fléaux, les calamités
publiques, les adversités, & les maux
les plus rudes des particuliers. Elle considere, examine, définit ces consolations
& enseigne la maniere de les appliquer
au besoin. Comme la Théologie ascétique sert à humilier le Chrétien, à le sou-
mettre à toutes sortes d'exercices de piété
pénibles au corps, & à l'intimider, la
Théologie paraclétique est faite pour relever son courage & sa foi, & pour porter la consolation dans son ame.

§. VII. Les cinq Doctrines dont nous
venons de parler, savoir la Théologie
homélitique, catéchétique & casuistique,
la Prudence consistoriale, & la Prudence théologique dans l'exercice ordinaire du Ministere, forment donc ce
qu'on nomme dans un sens collectif la

D iij

Théologie pastorale. Cette science sur laquelle beaucoup d'Auteurs dans toutes les Communions ont écrit de vastes Traités, dont on fait des cours entiers aux Universités dans les Facultés de Théologie, a été réduite en systême formel, & ne forme pas en effet une des moindres parties de la science d'un Théologien habile & consciencieux, qui se charge de la cure des ames.

§. VIII. Nous croyons en avoir dit assez pour donner une idée des sciences qui entrent dans le systême général de la Théologie. Nous n'ignorons pas cependant qu'on établit encore dans les écoles différens genres & différentes especes de Théologies, & qu'on y distingue par exemple, 1. la Théologie de Dieu, (*Theologia Dei*;) 2. celle de Jesus-Christ; 3. celle du S. Esprit; 4. celle des Anges, & 5. celle des Hommes; que la Doctrine de Dieu est encore subdivisée, 1°. en *Theologia Dei naturalis vel essentialis*, par laquelle on voit que Dieu a reconnu *simul & semel*, à la fois & toujours, tout ce qui est en lui; & 2°. en *Theologia Dei idealis* seu *exemplaris*, qui considere les objets qui ont dû être révélés aux hommes pour opérer leur salut. On subdivise encore cette derniere en *Théologie Archétypique*, qui

enſeigne ce qui vient à cet égard immédiatement de Dieu même ; & en *Théologie Ectypique*, qui conſidere les notions
théologiques que l'homme, entant qu'i-
mage de Dieu, puiſe pour ainſi dire de
ſon propre fonds, par l'aptitude que
l'Être Suprême lui a donnée de le connoître & de l'adorer, & par la prédication de la parole divine. Mais on ne finiroit point ſi l'on vouloit rapporter toutes
les diviſions, partitions, ſubdiviſions,
&c. &c. que des Eſprits trop ſyſtêmati-
ques ont introduites dans toutes les ſciences ; diviſions dont les dénominations,
ſouvent bizarres, occupent & embarraſ-
ſent l'eſprit, qui pourroit s'appliquer plus
utilement à des réalités ; & qui ſe reſſen-
tent toujours du pédantiſme qui ſe gliſſe
plus ou moins dans l'étude de chaque
ſcience.

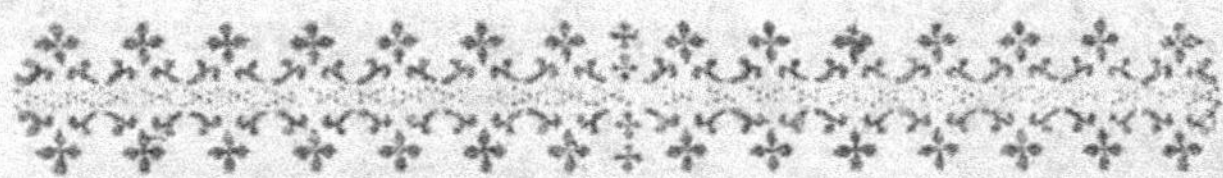

LIVRE PREMIER.

CHAPITRE XII.

LA JURISPRUDENCE.

§. I.

LA Jurisprudence est *l'Art de faire des Lois justes & utiles, & d'appliquer judicieusement à celles qui subsistent les cas qui se présentent dans la vie civile.* Cette définition prise dans sa plus grande étendue, comprend l'idée qu'en donne Tribonien au commencement des Institutions de Justinien, lorsqu'il dit, que *c'est une connoissance de toutes les choses divines & humaines & une science de ce qui est juste ou injuste.* Car en effet pour faire de bonnes Lois sur tous les objets que la société nous présente, il faut connoître ces objets à fond pour savoir ce qui est utile à chacun d'eux, & ce que la justice peut permettre en sa faveur ; pour pouvoir juger les cas qui

furviennent, il faut être inftruit des lois
qui fubfiftent dans la fociété ; & pour
décider fi une action eft jufte ou injufte,
il faut examiner fi elle eft conforme ou
contraire à quelqu'une de ces lois, fi
elle eft précifément dans le cas que la
loi l'autorife ou la condamne ; & c'eft là
l'application, la partie la plus difficile,
& la plus effentielle peut-être de toute la
Jurifprudence.

§. II. La juftice eft la conformité d'une
action aux lois, comme l'injuftice eft la
non-conformité d'une action aux lois.
L'équité eft la volonté ou le defir de
rendre à chacun ou à chaque objet ce qui
lui eft dû en vertu de la loi naturelle ou
des lois pofitives.

§. III. « Les lois, dit M. de Montef-
» quieu, (& cette définition me paroît
» belle,) font les rapports néceffaires qui
» dérivent de la nature des chofes, &
» dans ce fens tous les êtres ont leurs lois,
» &c. Il y a une raifon primitive : donc
» les lois *naturelles* font les rapports qui
» fe trouvent entre elle & les différens
» êtres, & les rapports de ces divers
» êtres entre eux. Les êtres intelligens,
» (c'eft-à-dire ici les hommes,) peuvent
» avoir des lois qu'ils ont faites ; mais ils
» en ont auffi qu'ils n'ont pas faites. Avant
» qu'il y eût des êtres intelligens, ils

E v

» étoient poſſibles ; ils avoient donc des
» rapports poſſibles , & par conſéquent
» des lois poſſibles. Avant qu'il y eût des
» lois faites , il y avoit des rapports de
» juſtice poſſible. Dire qu'il n'y a rien de
» juſte ni d'injuſte que ce qu'ordonnent
» ou défendent les lois poſitives, c'eſt
» dire qu'avant qu'on eût tracé de cer-
» cle , tous les rayons n'étoient pas
» égaux. » Voilà le principe vrai & certain de la loi & de l'équite naturelles.

§. IV. « L'homme, continue plus bas
» M. de Monteſquieu , comme *Étre*
» *phyſique* , eſt , ainſi que les autres
» corps, gouverné par des lois invaria-
» bles. Comme *Étre intelligent* , il viole
» ſans ceſſe les lois que Dieu a établies,
» & charge celles qu'il établit lui-même.
» Il faut qu'il ſe conduiſe , & cependant
» il eſt un *Étre borné*, il eſt ſujet à l'igno-
» rance & à l'erreur, comme toutes les
» intelligences finies ; les foibles connoiſ-
» ſances qu'il a, il les perd encore com-
» me créature ſenſible , il devient ſujet à
» mille paſſions. Un tel être pouvoit à
» tous les inſtans oublier ſon Créateur :
» Dieu l'a rappellé à lui par les lois de
» la Religion. Un tel être pouvoit à tous
» les inſtans s'oublier lui-même : les Phi-
» loſophes l'ont averti par les lois de
» la morale. Fait pour vivre dans la ſo-

„ ciété, il y pouvoit oublier les autres;
„ les Législateurs l'ont rendu à ses de-
„ voirs par les lois politiques & civiles.

§. V. L'état de pure nature est un état
paisible. L'état de l'homme en société est
une espece d'état de guerre. L'idée de la
propriété des choses y entre nécessairement & essentiellement. L'acquisition ou
la conservation de chaque propriété fait
naître cet état de guerre. Lorsqu'on considere les hommes comme habitans d'une
si grande planete, il est nécessaire qu'ils
soient divisés en différens peuples. Ils ont
donc des lois dans le rapport que ces
peuples ont entre eux; & c'est ce que
nous nommons *le Droit des Gens*. Considérés comme vivant dans une société
qui doit être maintenue, ils ont des lois
dans le rapport qu'ont ceux qui gouvernent avec ceux qui sont gouvernés, &
c'est *le Droit politique* ou *le Droit public*.
Ils en ont encore dans le rapport que tous
les citoyens ont entre eux; & c'est *le
Droit civil*.

§. VI. Les lois positives, dont la réunion forme le Droit civil, ne sont donc
selon Puffendorff & la raison, que *des
Ordonnances du Souverain par lesquelles
il prescrit à ses sujets ce qu'ils doivent
faire ou ne pas faire*. Leur objet est de
procurer le bien général de la société en

obligeant chaque citoyen en particulier à agir selon les regles de l'équité, & la force ou l'efficace de ces lois civiles confiste dans la *fanction pénale*, qui les accompagne, c'est-à-dire, dans la détermination des peines infligées aux contrevenans.

§. VII. Ces confidérations fur la nécessité, l'origine, & la nature des lois préfuppofées, il s'enfuit que l'étude de Jurifprudence dans fa plus grande étendue comprend,

1. Les Sciences préparatoires, & qui font indifpenfables à tout homme de lettres. Nous les expliquerons en traitant les matieres philofophiques, & autres endroits où chacune d'elles doit trouver fa place naturelle.

2. La Jurifprudence légiflative. Celle-ci tire fes regles non feulement du Droit & de l'équité naturelle pour déterminer ce qui eft *jufte*, mais auffi de la Politique pour découvrir ce qui eft *utile* dans la confection de chaque loi.

3. Le Droit de la Nature.

4. Le Droit des Gens.

5. Le Droit public ou politique de chaque Nation, & fur-tout celui de l'Etat où l'on veut fixer fon domicile, & y faire l'emploi de fes talens.

6. L'Histoire du Droit, qui enseigne l'origine & l'occasion de chàque loi, & nous fait voir par conséquent si elle est applicable à la situation présente, juste & utile ou non ; en suivant le précepte de l'Apôtre: *Éprouvez toutes choses, & retenez ce qui est bon.*

7. Le Droit Romain que l'on envisage presque dans toute l'Europe moderne comme le fondement de la Jurisprudence en général, & qui consiste dans les Institutions, les Digestes ou Pandectes, le Code, & les Novelles.

8. Le Droit Germain ou Germanique, qui est non seulement à l'usage de la Nation Allemande, mais dont d'autres Peuples ont ou retenu ou emprunté diverses lois.

9. Le Droit Saxon qui subsiste encore en plusieurs contrées.

10. Le Droit civil particulier des principaux Etats de l'Europe.

11. Le Droit Coutumier, ou les Observances qui ont pris force de loi dans divers pays.

12. Le Droit que des Nations conquérantes ont établi dans leurs Colonies, sur-tout dans les autres parties du monde & dans les pays subjugués,

comme le Code noir en Amérique
dans les Colonies Françoises.

13. Le Droit Féodal qui dérive de la
nature des fiefs & des diverses obligations réciproques du Seigneur Suzerain & des Vassaux.

14. Le Droit Militaire.

15. Le Droit Mercantil, ou les lois du
Commerce en général.

16. Le Droit Cambial, ou les lois & les
usages du Change.

17. Le Droit Métallique, ou les lois des
mines & mineurs.

18. Le Droit de la Vénérie, ou les lois
pour la chasse & les forêts.

19. Le Droit Canon pour les affaires
ecclésiastiques des Catholiques Romains.

20. Le Droit Ecclésiastique des Protestans, qui se fonde en partie sur le
Droit Canon.

21. Les Lois Municipales de quelques
grandes villes ou provinces en particulier.

22. Les Procès plaidés par devant les
Tribunaux de l'Empire Germain.

23. La Forme des procès en général,
selon qu'elle est reçue & établie dans
chaque pays.

24. La Pratique, ou l'application de
tous ces divers Droits aux cas qui

se présentent ; ce que les Jurisconsultes nomment aussi *Prudentia juridicialis*.

25. La Prudence consultatoire, ou les regles à observer dans la décision des cas épineux, & dans les conseils que des particuliers peu instruits demandent à l'homme de loi.

26. Le Droit de la Marine.

27. Le Droit Criminel.

§. VIII. C'est dans ce dédale de la Jurisprudence universelle que nous tâcherons de guider ceux qui s'y hasardent, en leur présentant le fil d'Ariane, par la courte & succincte Analyse que nous allons faire de toutes les différentes parties de cette science aussi vaste que compliquée.

LIVRE PREMIER.

CHAPITRE XIII.

LA JURISPRUDENCE *Législative.*

§. I.

Quand on considere la multitude énorme des lois anciennes & modernes dont l'Europe est submergée, on doit envisager naturellement la Jurisprudence législative comme une Science superflue & désormais inutile. Mais lorsqu'on réfléchit à la nature & à la qualité de ces lois, qu'on pese leur valeur, qu'on les applique à la situation des peuples pour lesquels elles sont faites, on est tenté de croire qu'il seroit avantageux aux nations que leurs Chefs voulussent prendre la salutaire résolution d'abolir en un jour & d'un seul trait toutes les lois qui subsistent dans leurs Etats respectifs, pour y substituer au même instant un Code de lois entier & tout nouveau. Ce

n'eſt pas que parmi ces anciennes lois il
n'y en ait quelques - unes de ſages, de
juſtes & d'utiles; mais lorſqu'on en vient
à ces grandes opérations dont dépend le
bonheur des nations, il ne faut pas ſe
laiſſer arrêter par un petit eſprit d'œconomie dans ſon travail, mais on doit ex-
tirper le mal juſques dans ſa racine, ne
pas bâtir ſur des ruines anciennes, ne pas
laiſſer pierre ſur pierre, mais élever un
édifice tout nouveau, & employer en
tout cas de ces vieux matériaux ceux qui
ſont bons & dignes d'entrer dans un bâ-
timent ſolide & régulier.

§. II. On prétend que le feu Roi de
Sardaigne, Victor Amédée, avoit conçu
ce grand deſſein, & qu'il employa dix
ans à y travailler avec les plus habiles
Juriſconſultes de ſon pays, ſans avoir pu
l'achever & le porter à ſa perfection. Et
en effet c'eſt de tous les ouvrages que
peut entreprendre l'eſprit humain, le
plus grand, le plus vaſte & le plus difficile. Il faut connoître à fond les principes, les rapports, les intérêts de l'agriculture, de toute l'œconomie rurale, du
commerce, de la navigation, des manufactures, des fabriques, des arts utiles &
agréables, & de tout ce qui peut entrer
dans un ſyſtême de politique, enfin de
tous les objets poſſibles, pour les aſſervir

à des lois qui leur soient *convenables* &
qui soient *parfaites*, chacune dans son
espece. C'est ici qu'on peut dire avec
Lucrece, *Felix qui potuit rerum cognos-*
cere caufas ! Cette connoiffance univer-
felle de toutes chofes & de leur origine,
cette perfection fouveraine dans la détermination des lois qu'on veut leur pref-
crire pour regle, femble être une prérogative réfervée uniquement à l'Être
fuprême. Les hommes font & refteront
éternellement des êtres bornés, c'eft-à-
dire, fujets à l'ignorance & à l'erreur;
mais il eft de leur devoir de faire tout
l'ufage poffible de la portion de lumieres
que Dieu leur a donnée, & de s'éver-
tuer à atteindre cette perfection autant
que poffible, en prenant pour guide &
pour modele les lois que la Sageffe divine
leur a fait entrevoir dans l'arrangement
de toute la Nature, & dans le fyftême
de l'Univers.

§. III. *La fimplicité* eft d'abord une
des plus grandes perfections dans la Nature. Tout ce qui eft compofé eft plus ou
moins imparfait à mefure qu'il eft compofé. Il faut donc que les lois foient fimples dans leur principe, & fécondes pour
ne pas dire univerfelles dans leurs effets,
c'eft-à-dire, applicables à tous les cas pa-
ralleles. Les exceptions font toujours des

imperfections de la loi, qu'il faut bien se garder de faire appercevoir & moins encore d'indiquer à la suite de cette loi. La loi qui défend en Angleterre aux navigateurs étrangers d'apporter dans cette isle d'autres marchandises que celles qui sont du crû de leur pays, est toute simple dans son principe, & produit des effets immenses : elle est par conséquent parfaite quoiqu'elle entraîne quelques petits inconvéniens que le Législateur doit mépriser. Les lois de ce même royaume pour l'encouragement de l'agriculture, celles qui défendent l'exportation des laines, & plusieurs autres sont dans le même cas. Les lois Romaines au contraire sont trop spécifiées, trop recherchées, trop compliquées, trop remplies de subtilités ; elles sont par conséquent ridicules. Ce sont plutôt des pieges que la chicane tend aux citoyens, que des lois.

§. IV. *La clarté* est une seconde perfection & une qualité essentielle des lois. Nous suivons dans la plupart des pays de l'Europe plus ou moins l'analogie du Droit Romain, & ce Droit est tout écrit en latin. Le *Corpus Juris*, que je sache, n'a jamais été traduit dans aucune langue vivante, & cependant ces lois Romaines sont la base de notre Jurisprudence moderne ; elles doivent servir de regle aux actions de tous les sujets, de tous les citoyens non lettrés qui ne les entendent point, & dont le nombre est si excessif en comparaison de la petite poignée d'hommes qui les comprennent, & qui agissent comme les Adeptes en couvrant leur secret de voiles impénétrables, pour faire de l'or aux dépens du public. Le style des lois doit donc être bref, concis, clair, sans équivoque, sans ornemens inutiles, & à portée des plus simples citoyens.

§. V. Il ne faut jamais ajouter aux lois les raisons pour lesquelles on les donne. Le peuple doit être persuadé de la sagesse de celui ou de ceux auxquels il a remis la puissance de la législation. Il est contre leur dignité de détailler aux yeux du public les motifs de leur conduite dans chaque cas particulier, & ces raisons étant soumises à l'examen & à la critique ou du peuple, ou des Commentateurs, ou d'autres raisonneurs semblables, ne font qu'énerver la loi même, & donner lieu à mille fausses interprétations & à des chicanes sans nombre.

§. VI. *Le plus petit nombre possible* des lois est une perfection, comme leur multitude est la plus grande des imperfections. On pourroit s'engager à rédiger dans un bon volume *in-quarto* toutes les lois fondamentales , essentielles & nécessaires à un Etat. Chaque pere de famille pourroit à peu de frais faire l'acquisition d'un exemplaire de ce Code, le lire dans sa langue, l'enseigner à ses enfans, & le faire servir de guide à ses actions, comme à celles de sa famille. Au lieu qu'il est impossible qu'un homme occupé d'autres travaux, & asservi à d'autres devoirs dans la société, puisse faire une étude d'une compilation énorme de lois & d'ordonnances, sur lesquelles néanmoins il doit se conduire, s'il ne veut pas tomber en faute, & si l'État ne veut pas perdre ou voir ruiné un de ses enfans. Belle utilité que celle des peines ou des amendes !

§. VII. La plupart des lois divines portent sur des devoirs religieux, ou sur des objets qui intéressent la conscience des humains, ou elles forment des regles de Morale. Réguliérement leur observation est abandonnée à la vertu & à la conscience de chaque sujet. Cependant dans la confection des lois civiles, il faut bien se garder d'ordonner, de statuer ou d'établir quelque chose qui soit réellement opposé à la loi révélée de Dieu, vû que celle-ci émane de la plus haute sagesse, que tout ce qui y répugne n'est

que folie, & que même les sujets ne
seroient pas obligés à la rigueur d'obéir
à une loi qui seroit contraire à ce que
l'Être suprême a ordonné.

§. VIII. Il n'en est pas de même du
Droit naturel dont les lois sont également
divines, mais que Dieu a gravées dans
le cœur de chaque individu de la famille
humaine. Il faut de toute nécessité leur
donner force de loi civile, & le Législateur doit non seulement les envisager
comme les premieres de ses lois, mais
venir aussi à leur secours en les appuyant
de l'autorité de ses tribunaux, & en leur
prêtant pour ainsi dire main forte contre
les transgresseurs. Car toutes les regles
qui sont prescrites aux tribunaux pour
leurs jugemens, sont au fond autant de
lois, & par conséquent le droit naturel &
le droit coutumier doivent avoir force de
loi écrite. Le droit de la nature est même
audessus du Législateur humain, il doit
le respecter en tout sens ; il peut abroger
toutes les autres lois, toutes les coutumes,
mais il ne lui est jamais permis de tou-
cher au droit naturel, il doit l'envisager
comme la source & la base de toutes
les autres lois.

§. IX. Une sage & solide Politique
forme la seconde source où le Législateur doit puiser les regles qu'il veut pres-

crire. Comme elle enseigne ce qui forme un bon gouvernement, & ce qui est utile à l'Etat, les matieres pour les bonnes lois s'y trouvent toutes préparées, toutes rédigées. Je renverrai le Lecteur à cet égard à mes *Institutions Politiques*, non par amour propre, & parce que je crois y avoir dit des choses merveilleuses, mais parce que j'y ai dit tout ce je savois sur cette matiere, & que je ne pourrois que tomber ici dans des répétitions.

§. X. Les Philosophes de profession, aussi bien que les Rhéteurs, prétendent que *la morale* réduite en systême soit très-essentielle à la politique en général, & à la confection des lois en particulier. Malgré leur autorité j'ai quelque peine à m'en persuader, parce que la plupart des objets qui sont du ressort de la morale ne doivent point tomber sous l'empire des lois, & qu'en général je ne suis pas un grand admirateur de la morale systématique, telle qu'elle est présentée dans les livres, ou enseignée dans les écoles. J'ai connu à la vérité des hommes assez prévenus en faveur de l'autorité souveraine, des ames assez basses, assez esclaves pour soutenir que les actions morales des hommes, leurs vices & leurs vertus pourroient fort bien être asservis aux lois civiles. De pareils principes font horreur.

Ce feroit ôter aux hommes la petite portion de liberté naturelle que le defpotifme le plus outré leur a encore laiffée; ce feroit leur ravir les moyens d'être vertueux, & il n'y auroit plus de mérite à n'être pas vicieux; ce feroit ouvrir la porte à la tyrannie, & expofer le plus honnête homme à des vexations continuelles. Quoi? les Tribunaux pourroient punir un citoyen parce qu'il ne feroit pas affez reconnoiffant, affez libéral, affez généreux! il faut détourner les yeux de femblables maximes.

§. XI. *L'Hiftoire* fournit une meilleure fource pour la légiflation. On y trouve non feulement les occafions des lois, mais auffi les effets qu'elles ont produits. Ce font autant d'exemples à fuir ou à imiter. Mais il faut étudier les bonnes hiftoires, & fans s'arrêter aux defcriptions des batailles, aux détails des guerres & des maffacres, y chercher avec foin tout ce qui entre les mains de l'habile homme peut devenir véritablement utile au genre humain.

§. XII. L'étude du droit pofitif, foit public, foit civil, devient enfin une fource admirable pour la confection des lois. Mais il faut ufer ici de la plus grande circonfpection. Nous l'avons déjà dit, le Droit Romain, le Droit Germanique, le
Droit

droit des Lombards, le droit Saxon, & tous les autres droits des divers peuples de la terre renferment un nombre innombrable de lois sur toutes sortes d'objets & même sur les plus menus détails. C'est un océan sur lequel on ne peut voguer que la sonde sans cesse à la main. M. de Montesquieu dit avec beaucoup de raison : « *Que les lois doivent être tellement* » *propres au peuple pour lequel elles sont* » *faites, que c'est un très-grand hasard* » *si celles d'une nation peuvent convenir* » *à une autre.* » En effet, la plupart des lois anciennes, & les Romaines en particulier, sont peu applicables à la situation de l'Europe moderne ; & c'est avoir une trop grande défiance de ses propres lumieres que de se croire incapable de faire de bonnes lois pour un pays qu'on connoît, sans le secours de ces anciens guides. Car, c'est en général la raison humaine qui gouverne & qui doit gouverner les hommes par toute la terre ; & les lois ne sont que l'application de cette raison à tous les cas en particulier.

§. XIII. Je conseille enfin à tous ceux qui s'appliquent à la Jurisprudence législative d'étudier le livre de M. de Montesquieu de l'Esprit des Lois. Ils y trouveront les rapports les plus intimes, les plus ingénieux, & souvent les plus cachés au

Tome I.   F

vulgaire, de toutes les chofes poffibles avec les Lois qui ont été faites, ou qui peuvent encore fe faire pour elles. Je ne nie point que cet illuftre Auteur n'ait établi quelquefois des principes arbitrai-res, pour ne pas dire faux. Mais fon livre, malgré les erreurs de détails, ouvre l'efprit, étend la fphere des connoiffan-ces humaines, & fur-tout celle de nos réflexions. C'eft un tréfor ineftimable, un flambeau lumineux entre les mains d'un homme d'efprit ; c'eft un feu folet qui conduit au précipice entre les mains d'un petit génie.

§. XIV. Les Tribunaux donnent l'ef-ficace, la force & la vie aux lois, & c'eft une partie effentielle de la légiflation que le foin de les établir fur un plan folide & ingénieux.

§. XV. Le temps qui s'écoule produit des événemens continuels ; les événe-mens changent la face du monde, & ces changemens alterent la fituation & les intérêts des peuples. Il ne faut donc pas s'imaginer qu'on puiffe faire *des Lois éternelles*, des lois qui foient conftam-ment utiles à un peuple jufqu'à la fin des fiecles. Il faut donc que la légiflation foit permanente, & que l'Autorité fouveraine abroge les lois à mefure qu'elles devien-nent défectueufes, & qu'elle y fupplée par de nouvelles , qui conviennent à l'état actuel du peuple. C'est un supplément, toujours renouvellé selon le besoin, du code qu'elle a une fois dressé.

§. XVI. Celui qui donne les lois a seul le droit de les interpréter. Le législateur ne doit donc point permettre aux savans particuliers de faire des commentaires, des interprétations & des amplifications de ses lois ; commentaires qui d'ailleurs par leur diversité ne servent qu'à donner des sens louches à ces lois, qu'à faire naître des disputes & des contestations, & qu'à rendre douteux ce qui doit être précis.

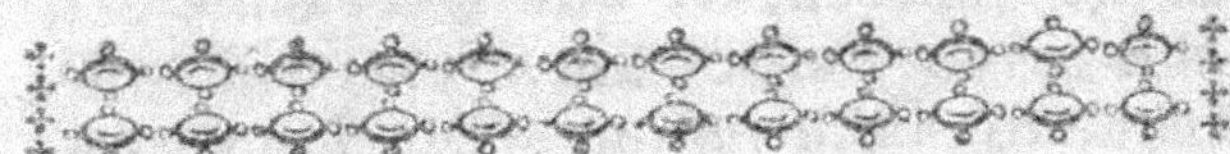

LIVRE PREMIER.

CHAPITRE XIV.

LE DROIT PUBLIC ou *Politique.*

§. I.

DANS le sens le plus étendu , le Droit public ou politique comprend (selon l'idée que nous en avons donnée au chap. XII. §. 5.) *les Devoirs réciproques de ceux qui gouvernent & de ceux qui sont gouvernés* , c'est à-dire des Souverains envers leurs sujets , & des sujets envers leurs Souverains & envers l'Etat dont ils sont membres. Chaque Etat , chaque peuple, chaque nation a donc son droit public. L'étude en devient plus vaste & plus difficile à mesure que la forme du Gouvernement est plus compliquée. Le droit public d'Angleterre , par exemple , qui détermine les droits

& prérogatives des Rois , du Parlement
& du peuple , forme une science des plus
étendues. En France où les Princes du
sang , les Pairs , les Parlemens , les Evêques , le Clergé , &c. jouissent également
de plusieurs anciens droits & privileges, le
droit public de cette nation est également
compliqué , & demande une étude très-
sérieuse. La nature ce cet ouvrage ne
comporte point que nous entrions dans
le détail de l'explication de chaque droit
politique en particulier ; mais nous cher-
cherons à faire l'analyse abrégée du droit
public d'Allemagne, qui étant le plus compliqué de tous , pourra servir d'exemple
& de modele pour la méthode de traiter
tous les autres.

§. II. Lorsqu'on veut s'appliquer à l'é-
tude du Droit public d'Allemagne , on
devroit examiner avant toutes choses une
grande question , qui toute pédantesque
qu'elle paroît d'abord , n'est cependant
rien moins que frivole. Il s'agit de démêler
à travers les ténebres dont l'ancienne
histoire germanique est couverte,

1°. S'il y a eu anciennement en Allemagne plusieurs peuples, si chacun de
ces peuples a eu son Chef ou ses Chefs ;
si ces peuples ont été obligés de fléchir
sous le joug de Charlemagne , auquel ils
ont accordé , soit de force, soit de gré,

le droit de régner sur eux ; si après l'extinction de la maison Carlovingienne, ces peuples & leurs Chefs sont rentrés dans leurs droits par le droit .de *postliminie*, & si en ce cas il n'est pas apparent qu'ils ont cédé aux Empereurs élus après la mort du dernier Prince Carlovingien, comme à Conrad de Franconie, Henri l'Oiseleur, &c. *le moins* de pouvoir, de droits & d'autorité qu'ils ont pu? Ou

2°. S'il n'y a point eu anciennement des Ducs, Princes ou Chefs des divers peuples de la Germanie ; si les Ducs, Marckgraves & autres Princes d'Allemagne ont été originairement des Généraux, Ministres, Gouverneurs & tous domestiques de Charlemagne & de ses descendants ; si ces domestiques se sont rendus formidables dans leurs postes & dans leurs provinces, s'ils y ont fait successivement des acquisitions considérables en fonds de terre, au point qu'à la fin ils ont secoué le joug & se sont érigés en Souverains ; auquel cas on devroit les envisager comme des especes d'usurpateurs, & il seroit à présumer que les Empereurs ne leur auroient cédé de leur autorité & de leurs droits que ce qu'ils n'auroient pu leur enlever sans risque.

Cette question importante répand un très-grand jour, non-seulement sur la na-

ture de la constitution & du gouvernement de l'Allemagne, mais aussi sur tous
les cas où la présomption & la probabilité pour ou contre les droits des Empereurs ou des Princes d'Allemagne,
doivent décider quelque contestation,
qui n'est pas clairement exprimée dans
le droit écrit.

§. III. Par ce qui vient d'être dit on
voit aussi, que le droit public naît des
lois & des conventions qui ont été faites
pour régler la forme de chaque Gouvernement, & que par conséquent la science
du droit public ou politique se puise,
1°. dans l'histoire qui enseigne l'origine
des Etats & l'occasion des lois & des
conventions ; 2°. dans la politique qui
découvre les motifs, les inconvéniens &
les remedes des lois ; 3°. dans le droit
civil, autant qu'il enseigne ce qui est juste
ou injuste dans les cas particuliers, & la
maniere d'appliquer ces cas aux lois ; &
4°. dans le droit de la nature & des gens.
La Jurisprudence publique consiste donc
dans la connoissance des lois politiques
& dans l'art de les appliquer aux affaires
d'état ; & le moyen le plus simple pour
l'apprendre, est de s'instruire du droit
écrit de l'Allemagne par les lois de l'Empire même, & du droit coutumier par
des monumens authentiques.

F iv

§. IV. A l'égard de la méthode qu'on se propose ici pour parvenir à cette fin, eu égard au droit public de l'Allemagne, nous tâcherons d'examiner d'abord les principes sur lesquels ce droit se fonde, c'est-à-dire, les lois fondamentales de l'Empire ; secondement l'origine de l'Empire Romain ; en troisieme lieu ses limites ; quatriémement la forme du gouvernement, & le souverain pouvoir dans l'Empire ; enfin le droit des Etats & membres de l'Empire, & la connexion dans laquelle ils se trouvent vis-à-vis de la République en général.

§. V. Les lois fondamentales de l'Empire sont ou *écrites*, ou adoptées par *la coutume*. Les premieres sont proprement des conventions faites entre l'Empereur & les Etats pour régler la forme de la République, ou la maniere de la gouverner, soit en entier, soit en partie. On compte parmi ces lois d'abord les RECEZ *de l'Empire* (*), autant qu'ils sont relatifs à l'état public. On entend par là le recueil des délibérations d'une Diete. Tant que ces assemblées n'étoient pas permanentes, on ramassoit à la fin de chaque Diete toutes les résolutions qu'on y avoit prises, & on les rédigeoit par

____

(*) RECESSUS IMPERII, *terme technique reçu dans la langue françoise.*

écrit. Cet acte qui les contient s'appelle *Recessus Imperii*, du mot latin *recedere*, parce qu'ils furent publiés lorsqu'on étoit sur le point de se séparer. Depuis que la Diete s'assemble constamment à Ratisbonne, *les Décrets de la Diete* tiennent lieu de ces Recez. On en a de fort amples recueils. L'Empereur, ou à sa place le Roi des Romains, ou bien les Vicaires de l'Empire d'un côté, & de l'autre tous les Etats de l'Empire réunis, donnent à ces Recez & Décrets de la Diete l'autorité & la force des lois fondamentales.

§. VI. La fameuse *Bulle d'or* est la premiere des lois de l'Empire. Elle fut donnée par l'Empereur Charles IV. en l'année 1356, & tire son nom du sceau d'or de l'Empereur, qui y est appendu. Elle est confirmée nommément, & spécifiée dans toutes les capitulations impériales. L'exemplaire authentique, écrit en langue Latine, est gardé à Francfort sur le Mein, ville destinée à l'élection & au couronnement des Chefs de l'Empire. Elle contient plusieurs chapitres du droit public, & regle les élections & le couronnement des Empereurs, les droits & prérogatives des Electeurs, l'ordre & le rang de la Cour Impériale, les Archi-Offices de l'Empire & les fonctions de ceux qui en sont revêtus, &c. On la trouve dans tous les recueils.

§. VII. Anciennement l'Allemagne étoit désolée par la licence des guerres particulieres. Chaque membre, grand ou petit de l'Empire, avoit la permission d'attaquer son voisin & de s'en faire rendre justice les armes à la main, & à l'aide de ses vassaux, ou bien de son seigneur suzerain, de ses amis ou de ses sujets; moyennant quelques déclarations & cérémonies ridicules qui précédoient les voies de fait, comme celle d'envoyer un chien galeux à son ennemi, & ainsi du reste. Cet état de violence & de désordre ne pouvoit subsister qu'autant que les mœurs des Germains étoient sauvages; mais lorsqu'elles commencerent à s'adoucir, & que la nation se civilisa, les Etats & tous les peuples de l'Allemagne furent réunis par un lien plus doux & plus raisonnable. Ce fut Maximilien I. qui opéra ce grand ouvrage, & qui fit émaner en l'année 1495, à la Diete de Worms, *la Constitution de paix publique & perpétuelle.* Cet acte abolit non-seulement la licence de la guerre particuliere, mais il fonde aussi la Chambre de justice impériale (*) comme un tribunal suprême

(*) *Etablie aujourd'hui à Wetzlar.*

où toutes les querelles des particuliers doivent se décider en dernier ressort sur les lois & les regles de l'équité. En même temps l'Allemagne fut divisée en Cercles, & chaque Cercle eut ses Directeurs & autres Hauts-Officiers. On ne peut dater que depuis ce moment la vraie forme du gouvernement de l'Allemagne ; & ce ne fut qu'alors que les Germains devinrent une nation policée. Aussi, la constitution de la paix publique a-t-elle été confirmée par la paix de Westphalie & dans toutes les capitulations impériales.

§. VIII. La réformation fit naître des disputes, des querelles & de guerres en Allemagne. *La convention de Passau*, faite en 1552, commença à les assoupir, & la paix d'Augsbourg conclue en 1555 les termina entiérement. Elle est connue sous le nom de *la Paix Religieuse*, & a été confirmée dans tous les actes publics. Les principaux articles sont ; qu'il est accordé une entiere liberté & sureté à l'égard du culte extérieur & intérieur aux Électeurs, Princes, villes Impériales, & aux Nobles immédiats de l'Empire, qui suivent la confession d'Augsbourg, à l'égal des catholiques Romains ; que les trois partis n'en viendront jamais à des voies de fait ; que toutes les autres sectes seront exclues de cette paix ; que la juridiction ecclésiastique du Pape, des Evêques, &c. sur les protestans restera suspendue; que les biens ecclésiastiques qui se trouvoient alors entre les mains des protestans leur demeureront; qu'on ne séduira personne, ni par force, ni par artifice, à changer de religion; que l'émigration sera permise aux sujets qui veulent se retirer d'un pays pour cause de religion; que ceux qui contreviendront à ces lois seront punis du ban de l'Empire.

§. IX. Quelque bonnes & sages que fussent ces lois, le changement des temps, & l'esprit toujours inquiet des hommes ont rendu leur multiplication nécessaire, & les Electeurs ont fait avec chaque Empereur une capitulation à laquelle ce Monarque s'engage par serment d'abord après son élection, & avant le couronnement. On en trouve déjà les traces sous les Empereurs Carlovingiens; mais la première capitulation formelle a été faite lors de l'avénement de Charles-Quint au trône Impérial. Elle fut rédigée alors en Chapitres, qu'on nommoit dans la basse Latinité *Capitula*, d'où vient le mot de *Capitulation*; & elle contient les regles que l'Empereur promet d'observer dans l'administration & dans le gouvernement de l'Empire. On trouve toutes les capitulations suivantes jusqu'à nos jours dans

les divers recueils des actes de l'Empire.
On a proposé plusieurs fois de dresser une
capitulation perpétuelle ; mais ce projet
proposé par les Princes est une chimere,
vu que les changemens toujours nouveaux donnent sans cesse lieu à de nouvelles précautions & à de nouvelles clau-
ses ; & qu'il est ridicule de penser à faire
des lois éternelles. Aussi ce projet a-t-il
été toujours rejeté ; & les Electeurs se
sont maintenus dans leur droit.

§. X. L'Etat Ecclésiastique a aussi ses
droits en Allemagne. Outre les disposi-
tions des anciens Conciles, les décrets
du Concile de Constance, & les concordats qui y furent établis entre le St. Siege
& la nation Germanique, ont sur - tout
acquis force de Loi. Il faut observer ici
comme une regle invariable, qu'*en Allemagne l'autorité des Conciles cesse toutes
les fois que les Lois de l'Empire en ont
disposé autrement.* L'autorité des Conciles nationaux & provinciaux y est aussi
reconnue, de même que diverses constitutions particulieres, comme le transacte
entre l'Empereur Henri V. & le Pape
Calixte II. au sujet des Evêchés, la convention entre Frederic III. & Nicolas V.
qu'on appelle par excellence les Concordats de la nation Germanique, &c. Les
protestans ont été non-seulement déclarés

libres de ces concordats par la paix de la religion, & par celle de Westphalie; mais ils ont aussi conseillé à l'Empereur de les abolir pour les catholiques, de rendre la liberté à l'Eglise d'Allemagne, & de suivre les décrets du Concile de Basle.

§. XI. La paix de Westphalie est encore une loi fondamentale de l'Empire, & peut-être la principale de toutes; entant qu'elle regle l'Etat de l'Allemagne. Un double instrument en fixe la teneur, l'un fait à Munster avec la France, & l'autre à Osnabruck avec la Suede. La paix de Nimegue conclue entre l'Empire & la France, en l'année 1679, celle de Riswick en 1697, celle de Baden en 1714, celle de Vienne en 1725, & même celles des Pyrénées, d'Aix-la-Chapelle, &c. ont toutes acquis force de loi, autant qu'elles sont relatives à l'état, aux affaires & aux intérêts du St. Empire. On les trouve dans les recueils des actes & mémoires publics, dans les corps diplomatiques & ailleurs; & leur validité se détermine par l'analogie du droit public, & la considération de la diversité des temps & des circonstances où l'Allemagne se trouvoit alors.

§. XII. Outre ces lois écrites, l'Empire est encore gouverné par *la coutume*, qui est la répétition d'actions homogenes

& uniformes. Les anciens Germains écrivoient peu, & agiſſoient beaucoup. Ils s'en rapportoient à leur mémoire ; leurs uſages devinrent des lois, & la coutume conſerve ſa force obligatoire, par le conſentement tacite de l'Empereur & des Etats de l'Empire. Elle ſubſiſte non-ſeulement eu égard aux affaires d'état, mais auſſi par rapport à la maniere de les expédier, comme dans les Elections des Empereurs, dans les fonctions des archi-Officiers, dans l'envoi des Ambaſſadeurs, dans les proceſſions, dans les *relations & corrélations à la Diete*, dans le ſtyle de chancellerie, &c. La coutume eſt abolie ou par des lois écrites, ou par des uſages contraires & plus récens. Il faut la prouver dans des cas litigieux, ou par les archives, ou par des témoins, ou par des documens authentiques, ou par d'autres preuves ſemblables.

§. XIII. Nous avons déja dit, (§. 3.) que le droit public de l'Empire ſe fonde encore ſur les principes du droit de la nature & des gens, ſur le droit Romain, entant que les lois domeſtiques manquent, & qu'il eſt applicable à l'état de l'Allemagne ; ſur le Droit canon, entant qu'il a les mêmes qualités requiſes ; ſur les lois féodales des Lombards, recueillies des uſages des Lombards, des conſ-

titutions des Rois & Empereurs Francs
& Germains, & des anciennes coutumes
féodales des Germains mêmes; sur les
lois germaniques anciennes; sur les lois
suabes, saxonnes, &c. Mais il est à remarquer que toutes ces lois ne sont adoptées qu'au défaut (*in subsidium & sup-
plementum*) des lois positives de l'Empire, & qu'elles se taisent là où ces der-
nieres parlent.

§. XIV. Après avoir ainsi examiné
les lois fondamentales de l'Empire, le
droit public nous enseigne quel est son
territoire & ses *limites*, tant anciennes
que modernes, *les possessions qu'il convient de maintenir, & les pertes qu'il faudroit chercher à réparer*. C'est à ce dernier
égard un principe immuable du droit germanique, que *l'Empire conserve un droit
éternel sur tous les pays qui lui ont une
fois appartenu à titre légitime, à moins
que leur aliénation n'ait été faite par une
voie juste & conforme aux lois universelles*. Or, le St. Empire Romain a été
composé de l'Allemagne, d'une partie de
l'Italie, du royaume de Bourgogne & de
celui de Lorraine & d'Arles. Sa puissance
alors étoit des plus formidables; mais les
temps & la fortune y ont apporté de
grands changemens. La doctrine du droit
public se sert de l'histoire, des archives,

des anciennes chartres & documens , &
de l'art diplomatique pour découvrir
l'origine de toutes ces réunions & acquisitions , pour déterminer les provinces ,
villes ou états de chacun de ces pays qui
faisoient partie de l'Empire , quels en
étoient les divers titres , ce qui en a été
arraché , ce qui y appartient encore , &
quelles sont les limites exactes des pays
qui sont demeurés en connexion avec lui.
Tout cela est sujet à de profondes recherches , & pour être consommé dans le
droit public , il faut posséder une vaste
science de l'histoire d'Allemagne , & bien
connoître les sources qu'on appelle *Scrip-
tores rerum Germanicarum.*

§. XV. La division de l'Empire germain forme encore un objet du droit public. Cette division a été également su-
jette à divers changemens. Les provinces
qui partageoient anciennement l'Allemagne étoient la Baviere , la Suabe , la Saxe,
la Moravie & les terres occupées par les
Slaves ou Esclavons , la Vandalie ou la
Marche , la Franconie & les provinces
sur le Rhin. Le pédantisme y a ajouté
encore d'autres divisions. Enfin , l'Empire
a été partagé en Cercles. L'Empereur
Maximilien I. en fit la premiere division
en l'année 1500 à la Diete d'Augsbourg,
& la distribua en cercles, 1. de Franconie,

2. de Baviere, 3. de Suabe, 4. du Rhin, 5. de Westphalie, 6. de Saxe. Ce premier Institut fut étendu à la Diete de Cologne en l'année 1512, & l'on établit, 7. le cercle d'Autriche. Enfin on y ajouta encore, 8. le cercle de Bourgogne, 9. le cercle du Bas-Rhin ou électoral, & 10. celui de la Haute-Saxe. Le droit public enseigne les divers territoires qui font partie de chaque Cercle, quels sont leurs Directeurs, leurs Codirecteurs, leurs Colonels, leurs Adjoints, leurs Secrétaires, Receveurs & maîtres de monnoie, quels sont leurs droits, leurs fonctions, leurs prérogatives, leurs offices & privileges à la Diete générale de l'Empire, & aux Dietes particulieres des Cercles, & ainsi du reste.

§. XVI. Lorsqu'on a conçu une idée nette & précise du territoire de l'Empire & de ses limites, on passe à l'examen de sa forme de gouvernement, & c'est ici où les esprits systématiques se trouvent extraordinairement embarrassés. Les uns l'envisagent comme un Etat Monarchique, & l'Empereur comme un Monarque qui a de puissans vassaux qu'il gouverne sur des lois fixes & établies ; & ils fondent leur opinion sur des expressions respectueuses qu'ils trouvent dans la bulle d'or, dans les traités de paix de West-

phalie, & dans d'autres lois fondamentales de l'Empire, sur le cérémonial usité
à l'élection & au couronnement de l'Empereur, sur les fonctions & respects que
les Electeurs & autres Etats de l'Empire
sont obligés de lui rendre, sur le préjugé
de quelques actes d'autorité, que des
Empereurs très-puissans par eux-mêmes
ont exercés quelquefois abusivement envers quelques membres de l'Empire, &
sur diverses considérations pareilles. D'autres donnent dans un extrême opposé, &
se figurent l'Empire comme une République libre & indépendante, dont les
Electeurs & autres Etats sont les chefs,
& qui élisent entre eux une espece de
doge sans autorité, & simplement pour
la représentation, se réservant le droit
de gouverner eux-mêmes cette machine
singuliere par leurs Députés à l'assemblée
générale de la Diete & aux tribunaux
de l'Empire. Ils ne manquent pas non
plus d'argumens & d'autorités pour appuyer cette opinion. Ni l'une ni l'autre
de ces idées cependant ne paroît juste,
& il se trouve des hommes habiles, qui
faisant peu de cas des noms, des définitions & des systêmes, savent envisager les choses telles que la nature les
présente, & qui considerent l'Empire
d'Allemagne, tel qu'il est aujourd'hui,

comme une aſſociation de divers Souverains grands & petits, foibles & puiſſans,
qui réuniſſent leurs forces relatives pour
former une puiſſance d'autant plus formidable, qui adoptent des lois anciennes ou
en font de nouvelles par le moyen d'une
aſſemblée ou Diete permanente , pour
le maintien & l'ordre de cette aſſociation ; qui choiſiſſent un Chef commun
pour donner plus de luſtre à leur corps
& plus d'autorité aux lois ; qui lui rendent des reſpects dont l'honneur rejaillit
ſur eux-mêmes ; qui lui preſcrivent des
regles pour ſa régence ; qui établiſſent des
tribunaux pour l'adminiſtration de la juſtice ; qui chargent le Chef de l'exécution
des lois & des ſentences prononcées par
les tribunaux , & qui le regardent enfin
comme un premier Souverain entre ſes
égaux. Je crois que ceux qui réfléchiront
attentivement à la ſituation actuelle des
choſes, au ſyſtême préſent de l'Europe, qui
conſidéreront que parmi les membres de
l'Empire il ſe trouve un Roi de la Grande
Bretagne , un Roi de Pruſſe , un Roi
de Hongrie & de Boheme , un Roi de
Suede , un Grand Duc de Ruſſie & tant
d'autres Princes puiſſans , conviendront
que le tableau qu'on vient de tracer , eſt
tiré d'après nature.

§. XVII. Quand on s'eſt formé une

jufte idée du fyftême du gouvernement de l'Empire, on paffe à l'examen des droits & prérogatives qui en réfultent, tant pour le Chef que pour les membres, & l'on s'inftruit de ce que les lois dif- pofent à l'égard de l'élection de l'Empe- reur, du couronnement de l'Empereur & du Roi des Romains, de la majefté des titres & des marques de dignités de l'Empereur, des prérogatives du Roi des Romains élu du vivant d'un Empereur, de l'Impératrice & de la Reine des Ro- mains, de la formation & de l'arrange- ment de la Cour Impériale, des archi- Officiers du St. Empire, & de ceux qu'on nomme *Officia palatina* ou fonctions de la Cour Impériale, & de l'ordre du rang des Vicaires de l'Empire, pendant la vacance du trône Impérial, & de tout ce qui eft relatif à ces divers objets ; ce qui eft d'une étude de détail très-compliquée.

§. XVIII. Cette étude conduit à con- fidérer les Etats de l'Empire, leurs droits, privileges, &c. On aura vu plus haut que les parties du fouverain pouvoir en Allemagne font tempérées l'une par l'au- tre. Il faut donc fe former une idée jufte du vrai caractere & de l'origine de tous ceux qui concourent au gouvernement général, & l'on peut dire *qu'un Etat* (*)

(*) On eft obligé de fe fervir ici de ce mot au

de l'Empire est un Citoyen , un membre IMMEDIAT *de l'Empire qui a voix & séance à la Diete.* Le mot d'*immédiat* suppose que ce membre possede des terres qui relevent directement de l'Empire. Les exceptions à cette regle , & les exemples du contraire sont des abus qui ne sauroient changer le fond de l'institut. Leur caractere consiste absolument dans le droit de suffrage à l'assemblée de la Diete. Ce droit qui dans les temps les plus reculés a été un droit personnel , est devenu ensuite un droit réel au territoire dont la personne est en possession. On examine ensuite quels sont les droits , prérogatives & dignités du College des Electeurs en général , & de chacun d'eux en particulier ; ceux des Princes Ecclésiastiques , des Archevêques , Evêques , Suffragans , Métropoles , Abbés & autres Ecclésiastiques du St. Empire ; ceux des Princes séculiers , leurs offices primitifs , leurs dignités & privileges, l'origine de leur titre, & celui des Comtes de l'Empire ; on se forme un plan & un systême du College des Princes , de l'ordre , du rang & de la place que chaque Prince y occupe ; on remarque à cette occasion que chaque

singulier contre la regle , parce que le nom Allemand & Latin (status imperii) dit plus que membre , citoyen , &c.

Prince a dans ce college une voix particuliere, au lieu que les Comtes (qui se
partagent en ceux de Suabe, de Wette-
ravie, de Franconie & de Westphalie,)
n'ont qu'une voix collective, c'est-à-dire
que les quatre bancs n'ont chacun qu'une
voix (*) ; enfin on recherche quels sont
les droits & privileges des nobles immédiats & des villes libres de l'Empire, qui
se divisent en deux classes, celles du Rhin
& celle de Suabe, & qui ont également
deux voix collectives.

§. XIX. On entre ensuite dans un
plus grand détail, & l'on examine les
diverses parties du souverain pouvoir en
Allemagne, savoir le droit ecclésiastique,
& les libertés de l'Eglise germanique vis-
à-vis du S. Siege & de la Cour de Rome ;
la Juridiction de l'Empire, sa police générale, l'arrangement des monnoies, des
postes, &c. les domaines de l'Empire,
ses finances, ses revenus, ses impôts ; *sa
Matricule*, la perception des contributions, &c. les droits régaux de l'Empire,
comme celui de la guerre & de la paix,
des traités & alliances, des ambassades
& des Ambassadeurs, &c. autant que ces
objets sont relatifs à l'Empire en général.

(*) Ce qu'on appelle VIRITIM VOTARE, tandis
que les Comtes ne votent que CURIATIM.

On voit auſſi à cette occaſion quelles ſont les forces & l'état des troupes de l'Empire, & ce que chaque Cercle eſt obligé de fournir pour ſon contingent ; l'état des fortereſſes impériales, &c.

§. XX. Les objets qui ſuivent encore dans l'ordre de cette étude, ſont l'examen de la Diete générale de l'Empire, l'origine de cette Diete, ſon état ancien, ſes divers changemens, & ſon arrangement moderne ; les droits & privileges des Commiſſaires Impériaux, des Ambaſſadeurs, Légats & Députés des Etats, &c. la maniere uſitée dans les délibérations, celle de recueillir les voix, la forme des réſultats, (*) & ainſi du reſte. Enſuite l'examen des deux Tribunaux ſupérieurs de l'Empire, ſavoir la Chambre Impériale de Juſtice établie à Wetzlar, & le Conſeil Aulique à Vienne, leurs fonctions, leur autorité, leurs principes & leurs droits ; enfin le Tribunal Impérial de Rothweil, & ceux qui ſubſiſtent encore avec une autorité inférieure en Suabe & en Franconie. L'article captieux des droits & prérogatives réſervées particuliérement à l'Empereur, & qu'on

___

(*) Ce qu'on entend par le Corps Evangélique, quels ſont ſes droits & prérogatives, ſa conſtitution & ſa façon de ſe former & d'agir.

nomme

nomme *Jura reservata Imperatoris*, termine cette matiere.

§. XXI. Il reste enfin à s'instruire de
quelques particularités essentielles du
droit public, & il s'agit de déterminer
quelle est *l'autorité souveraine que chaque Membre immédiat de l'Empire a droit
d'exercer dans ses Etats & territoires respectifs ;* tant à l'égard de la Religion &
des affaires ecclésiastiques, que par rapport aux affaires civiles & politiques, à
la juridiction, aux domaines, aux revenus, à la guerre, à la paix, aux traités,
aux alliances & légations, à la façon d'administrer la justice, aux appels, & à tout
ce qui peut entrer dans le gouvernement
d'un pays. On examine aussi la matiere
de la succession dans les pays qui font
partie de l'Empire, du droit d'apanage,
&c. & enfin quelle est la condition privée des Princes de l'Empire, dans quels
cas & occurrences ils jouissent des droits
de simples particuliers, comme dans les
adoptions, émancipations, tuteles, dis-
positions testamentaires, &c.

§. XXII. Il reste encore à considérer
les droits & prérogatives de l'Ordre
Equestre ou de la Noblesse immédiate
de l'Empire, son origine, ses progrès &
sa situation actuelle. Enfin on termine
toute l'étude du droit public en exami-

nant la fondation, les droits, privileges, possessions, &c. des Ordres Militaires établis en Allemagne, & sur-tout 1°. de l'Ordre Teutonique ou de l'Hôpital de Ste. Marie de Jerusalem, dont le Grand-Maître est Prince & Etat de l'Empire, ayant fixé son siege à Mergentheim en Franconie; & 2°. de l'Ordre de S. Jean de Jerusalem, dont le Grand-Prieur en Allemagne est également Prince & Membre de l'Empire, ayant son siege à Heiternheim dans le Brisgaw.

§. XXIII. On ne sauroit assez le répéter : tous ces objets sont susceptibles de grandes recherches, & l'étude du droit public est extrêmement compliquée. Nous ne pouvons en présenter ici qu'un squélette décharné. Les matieres en elles-mêmes ne sont cependant pas aussi seches à traiter qu'elles le paroissent dans cette analyse. On y rencontre chemin faisant mille objets intéressans. L'histoire est le meilleur guide dans ce dédale. La science du droit universel, une bonne Logique, un raisonnement sain & judicieux, achevent le reste.

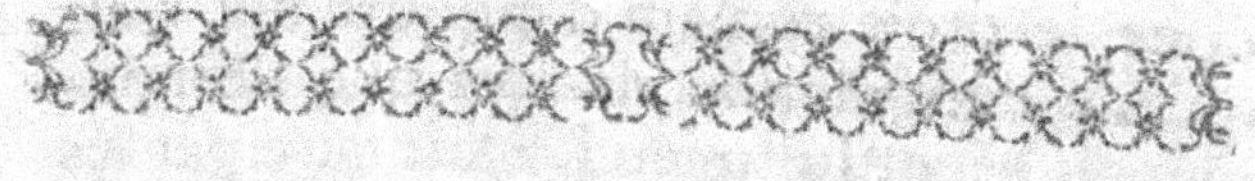

LIVRE PREMIER.

CHAPITRE XV.

LE DROIT ROMAIN.

§. I.

LEs noms que l'usage adopte ou retient introduisent souvent dans les sciences des idées illusoires, & beaucoup de personnes s'imaginent que le droit que nous appellons Romain aujourd'hui est un systême de lois qui ont été en usage dans l'ancienne Rome, soit sous les Rois, soit sous la République, soit sous les Empereurs. Mais il faut commencer par les avertir que rien n'est plus faux, & que ce droit n'a des Romains que le nom. Rome dans son état le plus florissant n'avoit que peu de lois, & l'on peut se former une idée de la Jurisprudence de ce peuple célebre en lisant le traité admirable de Ciceron, *de Legibus*. Ce qu'on nomme donc le droit romain d'aujourd'hui n'est qu'une compilation de lois que l'Empereur d'Orient Justinien I. a fait faire par les Jurisconsultes Tribonien , Théophile, Dorotheus & Jean , dans le VIme. siecle , & ranger dans un certain systême selon l'ordre & la nature des matiéres. L'Introduction aux Institutes adressée à la jeunesse studieuse , est datée de Constantinople le 1. de Décembre de l'année du troisieme Consulat de cet Empereur , qui suivoit la manie de Constantin de transférer à Constantinople tous les usages & tous les abus de Rome.

§. II. Il est vrai que Justinien & ses Jurisconsultes ont fait entrer dans ce systême beaucoup de lois qui avoient été en vigueur à Rome , mais il y en a aussi un grand nombre qui sont prises ailleurs , comme du droit naturel , du droit des gens , des lois égyptiennes & grecques & des propres constitutions de cet Empereur. Tout cela a été rédigé en un corps de droit , (*) & c'est ce qu'on appelle le droit romain , parce que les Empereurs , quoique résidans à Constantinople , se nommoient toujours Empereurs Romains. Ce livre si célebre est composé des Institutes , des Pandectes ou Diges-

(*) Corpus Juris.

tes, du Code & des Novelles. Il n'y a qu'à ouvrir ce fameux Code, & sur-tout les Instituts, pour voir que Justinien fit une insigne faute en appliquant sans choix ni jugement la plupart des lois qui étoient faites tant bien que mal pour Rome ou pour d'autres pays, à l'état de l'Empire d'Orient, auquel elles ne quadroient point du tout. Les Nations modernes de l'Europe ont sans doute plus mal fait encore d'adopter ce droit pour principe de leur législation & de leur Jurisprudence. Car il faut trancher ici le mot, ce livre si fameux est farci d'absurdités insoutenables & d'un pédantisme qui révolte le bon sens. Je l'ouvre en ce moment au hasard, & je tombe sur le titre *de patriâ potestate*. Il y est dit : *Le pere perd son autorité sur le fils de plusieurs manieres ; premiérement quand le pere meurt, secondement quand le fils meurt, &c.* Ne voilà-t-il pas une belle découverte ! Ce n'est pas une exagération quand on dit, qu'il n'y a guere de page dans le *Corpus Juris* où il ne se trouve de semblables platitudes, & où la raison & le sens commun ne bronchent d'une maniere honteuse.

§. III. On est embarrassé sur les conseils que l'on doit donner à ceux qui s'appliquent à l'étude de la Jurisprudence.

S'ils puisent leur science principalement
dans ce droit romain, c'est une source
très-mauvaise ; ils sont sujets à se remplir l'esprit & la mémoire de chimeres &
d'absurdités, & à les envisager toute leur
vie comme des principes certains de toute
justice & équité. Ils sont cependant bien
loin de leur compte. Ce n'est pas sans raison que j'ai dit dans mes Institutions politiques, qu'on ne doit pas employer à la
confection des lois les Jurisconsultes seuls,
mais aussi des Ministres de tous les autres départemens : car il est presque indubitable que des hommes de loi, imbus
des préjugés du droit romain, qu'ils ont
appris dans la jeunesse, & qui a laissé
des traces trop profondes dans leur ame,
en suivront l'analogie malgré leurs précautions, & manqueront leur but qui doit
être de dicter des lois utiles à l'état pour
lequel ils travaillent, & convenables au
siecle où ils vivent. L'expérience a fait
connoître d'ailleurs que les lois fabriquées
par les Triboniens modernes, ont été
toutes calquées sur le modele des lois
romaines ; & comme on ne vit au palais
que de procès, ils ont, malgré la bonne
intention de leurs Maîtres, laissé toujours
la porte ouverte à la chicane, en asser-
vissant les citoyens dans les actions les
plus simples, les plus unies & les plus

communes de la vie, à mille formalités & précautions juridiques, tirées des lois justiniennes, & qui ne font au fond que des pieges où ces sujets tombent, & laissent toujours de leurs dépouilles.

§. IV. Cependant comme tous les Jurisconsultes ne font pas appellés à la législation, & que nous avons dit (chap. XII. §. 1.) que la Jurisprudence consiste en partie dans la connoissance des lois qui subsistent & dans l'art d'y appliquer les cas qui se présentent; que dans la plupart des pays de l'Europe qu'on nomme policés, le droit romain est adopté ou en entier, ou en partie, ou *in subsidium*; ou que les diverses lois municipales font fondées du moins sur des principes qui y ont été puisés, il s'ensuit que celui qui veut s'appliquer à la Jurisprudence doit étudier ce même droit romain; mais on ne sauroit lui inculquer d'assez bonne heure, qu'il doit le faire avec de sages précautions, bien distinguer le temps & le lieu où ces lois ont été faites, ne pas les croire infaillibles, ne pas s'imaginer que le *Corpus Juris* soit un puits intarissable de sagesse, & qu'on ne sauroit trouver la vérité, la justice & l'utilité ailleurs que dans le droit romain.

§. V. Ce droit ne pouvoit pas obliger les pays occidentaux de l'Empire,

furtout après la deſtruction totale de l'Empire d'Orient. L'adoption en a été libre &
arbitraire dans toute l'Europe. On commença par s'en ſervir dans quelques provinces d'Italie. Dans le XIIme. ſiecle ſon
autorité fut affermie preſque dans toute
l'Italie. Dans les XIV. & XVme. ſiecles
les Allemands l'apporterent d'Italie, &
l'introduiſirent dans leurs Académies. In-
ſenſiblement ce Droit germa, & prit racine dans tous les eſprits. Les hommes
qui faiſoient les lois étoient tous imbus
de ſes maximes, & il falloit néceſſairement que les lois s'en reſſentiſſent. Il fut
placé ſur le trône par Maximilien I. &
il regne depuis ce temps en Allemagne.
La plupart des autres pays de l'Europe
ont ſuivi cet exemple, & l'on voit par-
tout des veſtiges du droit romain. Quand
on lit les diſputes de Bartolus, de Baldus,
d'Azo, de Zaſius, de Cujacius, de Bacho-
vius, de Mercerus, de Pancirollus & de
tant d'autres Juriſconſultes célebres, ſur
les obſcurités & les antinomies ou contradictions qui ſe trouvent dans le Code romain, on ne peut que s'écrier avec Salomon, *que tout eſt vanité*, & conclurre que
la Juriſprudence n'eſt pas exceptée de la
regle générale.

§. VI. Dans cette ſituation vraie des
choſes l'étudiant doit ſe mettre bien au

fait de l'histoire du droit romain, de l'état de l'ancienne Rome, & sur-tout de celui de Constantinople & de l'Empire d'Orient, des Senatus-Consultes, des Plébiscites & constitutions des Princes, du droit prétorien, des coutumes, des mœurs du peuple, des décisions des légistes & des experts, des interprétations & de l'application de chaque loi à l'état présent du monde. La science parfaite de la Langue Latine, & celle des antiquités romaines, facilitent beaucoup cette étude.

§. VII. On passe avec ces connoissances préliminaires d'autant plus aisément à l'étude du droit romain même. Les Institutes se présentent d'abord. Ils ont été faits après les Digestes & le Code, pour instruire ceux qui commencent cette étude. *Bonus institutista est bonus jurista*, est un vieux dicton de l'école, mais qui ne laisse pas que d'avoir quelque vérité. Car quoique ce livre soit écrit sans méthode, sans goût, quoiqu'il soit rempli d'obscurités, & qu'il se trouve même quelquefois en contradiction avec les Digestes & autres lois faites antérieurement, il renferme cependant les élemens du droit romain, & nous n'avons pas de meilleur abrégé.

§. VIII. Il faut étudier les instituts dans les institutes mêmes, & ne pas oc-

cuper sa mémoire à en acquérir une connoissance imparfaite & superficielle par
des extraits ou abrégés. Ces Institutions
sont déjà une espece de *Compendium*,
& c'est les réduire à un squélette trop
décharné que de les abréger encore. On
en fait ordinairement un cours complet
aux Universités ou dans les Académies.
Il est nécessaire de commencer par approfondir le vrai sens du texte, à quoi
les bons commentaires, les paraphrases
& les notes sont d'une grande utilité. Il
est bon de remarquer aussi qu'il y a encore plusieurs Constitutions Impériales,
qui ne se trouvent point dans les autres
parties du Droit Justinien, & dont un
Auteur, nommé *Bandoze*, a fait un *Index*
fort utile ; que nous avons aussi une Traduction grecque des Institutes, qui étend
& explique plusieurs enciens usages &
coutumes des anciens Romains, & dont
la premiere Edition a été publiée par An-
gelus Politianus ; qu'enfin plusieurs savans Jurisconsultes de nos jours se sont
appliqués à rectifier, à corriger, & à
rédiger les Institutes, dont il est nécessaire d'apprendre le succès. On les alle-
gue par abréviation simplement avec
un *I.* en y ajoutant le titre & le paragraphe.

§. IX. Les Pandectes ou Digestes (que

l'on désigne dans les citations ou allégations par un ff. ou ω.) contiennent selon l'opinion commune, un système complet du droit civil. Si l'on ne considere que les rubriques & les titres des livres & des chapitres, il faut convenir que cet Ouvrage contient des lois sur la plupart des matieres & des cas qui se présentent dans la vie civile; mais si l'on examine comment ces titres sont remplis, l'inconséquence de beaucoup de ces lois, le peu d'ordre & de méthode qui y regne, les chimeres, & les plats raisonnemens dont ce livre si célebre est rempli presque d'un bout à l'autre, on ne peut que déplorer la foiblesse de l'esprit humain, qui au milieu du XVIIIme. siecle ne nous offre pas encore un meilleur guide, une théorie plus parfaite pour la décision de ce qui est juste ou injuste, ni un fondement plus solide pour la fortune des citoyens. Car ces fameuses Pandectes ne sont au fond qu'un amas informe & même qu'un extrait des meilleurs préceptes, & des plus célebres décisions juridiques qui étoient connues alors. Cependant (il faut le répéter ici,) nous n'avons rien de meilleur, & il est impossible de devenir habile Jurisconsulte sans avoir fait une étude solide, & même un cours complet des Digestes.

§. X. Il y a différentes éditions des Pandectes dont le texte varie infiniment, & cette diversité rend le vrai sens encore plus équivoque & plus inintelligible. Les exemplaires les plus connus sont celui de Nuremberg ou de Holoandre, celui de Florence, & celui qui est communément en usage. On n'a de l'exemplaire de Florence qu'un essai connu sous le titre d'*Emendatio Pandectarum juxta Exemplar Florentinum*, &c. L'édition commune, comme elle est dans le *Corpus Juris*, a aujourd'hui autorité de loi, & elle est généralement reçue pour obvier aux disputes critiques, qui sans cela ne finiroient point. Cependant, comme ces Digestes sont trop prolixes dans le texte original, & qu'il n'y regne point de méthode, on ne peut les regarder que comme un Dictionnaire à consulter au besoin, & pour vérifier les lois que l'on trouve citées, ou bien pour alléguer les lois mêmes comme des autorités. Mais lorsqu'on veut les faire servir à l'étude de la théorie du droit romain, il faut faire usage d'un bon abrégé ou traité systématique sur ces Digestes, & y joindre les meilleures explications des matieres, les interprétations les plus ingénieuses du texte, les plus fameux commentaires & les controverses du droit les plus solides, qui

servent à l'application des lois justiniennes au droit moderne.

§. XI. Le Code (codex ,) a été le
commencement du droit romain , mais
aujourd'hui on incorpore les matieres
principales dont il traite dans les Digestes , & l'on ne s'en sert presque que pour
le consulter au besoin. Le premier Code
fut formé du Grégorien , de l'Hermogé-
nien , du Théodosien , & de quelques lois
de Justinien. Cet Empereur le fit changer dans la suite , & l'augmenta de quelques décisions nouvelles , d'où on le
nomme *Codex repetitæ prælectionis*. Comme on y a aussi ajouté quelques *Novelles*,
ou leurs extraits , on appelle celles-ci les
authentiques. Les nations modernes ne se
servent guere de ce livre dans la doctrine
de la Jurisprudence ; quoiqu'il ne laisse
pas que de répandre du jour sur les lois
justiniennes , & de suppléer au défaut de
celles qui manquent dans les institutions
& digestes ; d'autant plus que le *Codex
repetitæ prælectionis* a paru le dernier entre les ouvrages de Justinien. On l'alle-
gue par abréviation avec un simple C.
Il y a beaucoup de Commentaires célebres sur ce livre.

§. XII. *Les Novelles* , qui forment le
droit le plus récent , servent à expliquer
plusieurs objets du droit précédent , & à

y suppléer au besoin. Il n'y regne aucun ordre des matieres, & comme elles sont presque toutes adaptées à l'état de l'Empire d'alors, on ne peut les appliquer que difficilement à la situation actuelle des Etats modernes. La plupart de ces Novelles ont été publiées d'abord en langue grecque, & après la mort de Justinien elles n'ont pas été rassemblées en un corps d'ouvrage régulier. L'ancienne mais mauvaise traduction latine qui en a été faite est cependant réputée pour authentique, on l'ajoute au Code, & on en fait usage sous le nom d'*authenticæ collationis*. On les trouve citées en abréviation par les lettres initiales *Nov.* ou simplement par une *N.* En les examinant, il faut observer soigneusement les éditions différentes qui en ont été faites, & dont on trouve l'énumération & les descriptions dans toutes les Bibliotheques juridiques.

§. XIII. Toutes ces quatre parties, ou ces quatre différens ouvrages dont le droit romain est composé, sont rassemblés dans le grand livre qu'on appelle par excellence *le Corpus juris*. Aucun Jurisconsulte ne sauroit s'en passer : il doit même se procurer un bon *Corpus Juris glossatum*, pourvu d'un ample indice ou registre. Dionis Godofredus a

fait des notes très-judicieuses & très-sa-
vantes sur le Corpus Juris, & son Ouvrage mérite d'être entre les mains de
tous ceux qui veulent s'appliquer avec
succès à l'étude d'une science si vaste &
si compliquée. Les Commentaires sur
chacune des parties du droit romain sont
en si grand nombre dans le monde qu'il
est impossible d'en faire l'énumération.
Les Librairies & les Bibliotheques en
font inondées. Y en a-t-il beaucoup d'excellens? Je n'en sais rien.

LIVRE PREMIER.

CHAPITRE XVI.

LE DROIT GERMAIN
& le Droit Saxon.

§. I.

LA liaison intime qui subsiste entre le Droit Saxon & le Droit Germanique en général, dont le premier fait partie, nous oblige à les combiner ici ; la nature de cette liaison ne permettant point de traiter ces deux objets séparément, pour ne pas tomber dans des répétitions ennuyeuses. Il ne faut pas confondre non plus le droit germanique dont il s'agit ici avec le droit politique de l'Allemagne, quoique le premier emprunte des *Recez* & autres lois publiques de l'Empire, plusieurs Constitutions & Ordonnances qui reglent les affaires des particuliers, & qui par conséquent devien-

nent des objets du droit civil. Ce font
des avertiffemens que nous avons crus
néceffaires avant que d'entrer en matiere.

§. II. Selon Tacite, Strabon, Ptolo-
mée & tous les Auteurs qui ont parlé
de cette matiere, les anciens Germains
n'avoient point de lois écrites. Ils fui-
voient les regles du droit naturel & la
coutume. Les principales maximes de
leur droit coutumier, ils les tranfmet-
toient à leur poftérité par tradition, &
par des hymnes & cantiques qu'ils réci-
toient ou chantoient à leurs enfans, &
contenoient en même temps les actions
les plus illuftres de leurs ancêtres, plufieurs objets du culte &c. Charlemagne
fut le premier qui apprit aux Germains à
lire & à écrire, (au moins à ces peuples
qui habitoient au centre de l'Allemagne
& dans les provinces feptentrionales &
orientales,) & qui devint leur premier
Légiflateur. Mais comme les mœurs de
ces peuples étoient encore fort fimples,
pour ne pas dire fauvages, il eft naturel
que ces lois devoient être auffi fort fimples
& imparfaites, c'eft-à-dire, porter fur
peu d'objets, parce que les befoins de ces
peuples n'étoient pas fort multipliés, &
que le commerce, les arts, les fciences,
le luxe, &c. leur étoient inconnus. Les
fréquentes révolutions arrivées en Alle-

magne, les changemens continuels dans la forme du gouvernement, & les divers partages des provinces, ont empêché que les lois germaniques n'aient été rédigées à la fois en un systême régulier & général, ni même qu'elles aient pu être uniformes. Sans nous arrêter donc à discuter ce que ces lois auroient dû être, & si elles ont été dictées par la justice éclairée & par la saine politique, nous nous contenterons d'examiner briévement ce qu'elles sont en effet ; ce qui nous reste des lois originaires de l'Allemagne ; ce qui y a été ajouté par les Législateurs Germains, & ce qui est adopté des étrangers.

§. III. La premiere des lois germaniques qui soit venue jusqu'à nous est sans doute la loi *Salique*. Les étymologies des noms que les critiques empruntent de la conformité des mots & des sons, sont ordinairement plutôt faites pour amuser des enfans que pour occuper des esprits mûrs. Croire avec quelques Auteurs célebres que *Salique* dérive des mots Allemands *Saltz* & *Leck*, dont le premier signifie du *sel* & le second *lecher*, & en tirer des conséquences réelles, c'est soutenir une opinion qu'il ne faut que raconter pour la rendre risible. Il est plus raisonnable de croire que ces lois furent appellées saliques du nom des anciens Francs , nommés *Saliens* qui les firent lorsqu'ils habitoient encore la rive septentrionale du Rhin , d'où elles sont aussi appellées *ripuaires* , & qui les introduisirent depuis dans les Gaules. Car quoiqu'il soit parlé dans ces lois d'amendes pécuniaires , & que l'on sache que les Francs en deçà du Rhin n'avoient point encore l'usage des monnoies, il est à croire qu'ils avoient quelque métal ou autre objet incorruptible qui en tenoit lieu , & dont ils se servoient dans le commerce ordinaire de la vie , lorsque le troc absolu ne pouvoit avoir lieu , ou dans l'acquit des contributions publiques , &c. Ce qu'il y a de certain , c'est que ces lois viennent originairement des Francs (nation Allemande ,) & que ce sont des lois germaniques ; & qu'il paroît par le petit Traité qui est à la tête du recueil que nous en avons , que le Roi Thierri I. étant à Châlons , réforma & rédigea ces lois pour les Allemands , les François , les Bavarois , & pour les autres peuples de son obéissance. Ce recueil , qui est intitulé *le Pacte de la Loi salique* , contient quatre-vingt titres , où il est parlé de différentes matieres & de différens crimes. Les lois saliques ont été données au public par *Pithou* , & depuis par *M.*

Bignon Avocat Général qui y a fait de savans commentaires. On a aussi le Commentaire de *Chiflet*, qu'il intitule *Natale solum Legum salicarum*, & un Lexique *salique* des mots *Atuatiques*.

§. IV. Le second recueil d'anciennes lois germaniques est ce qu'on nomme *le Weichbild* (*) de Magdebourg ou de Saxe, parce que cet Archevêché fait partie de la Saxe. Un certain *Gryphiander* a écrit un traité *de Weichbildis Saxonicis*, qui est estimé.

§. V. L'ancien droit Saxon, qui fait partie du droit germanique, est celui dont les Saxons Ostfaliens & Westphaliens se servoient autrefois. Il ne consistoit d'abord, comme celui des autres peuples d'Allemagne, que dans des anciens Us. Charlemagne, comme nous venons de le dire, leur donna les premieres lois écrites, qui ont été publiées en partie par *Hérolde*, *Lindenbrog*, *Lucas Holsteinius* & autres. Les Empereurs & les Rois d'Allemagne y ont dans la suite ajouté quelque chose, & c'est ainsi qu'on attribue certaines lois à Henri l'Oiseleur & aux Othons. *Ebkon de Rebkau* compila

(*) L'ancien mot Allemand *Weichbild*, répond au mot latin *ager*, *territorium*, & au mot françois *territoire*, *environs*. Weichbild veut donc dire ici, droit d'un certain territoire, droit provincial.

vers le commencement du XIIIe. siecle
une espece de Code de toutes ces anciennes coutumes, & l'intitula *le Miroir
Saxon*. Ce droit est adopté par une grande
partie de l'Allemagne & réputé pour un
droit universel dans le Palatinat Saxon.
Cependant depuis l'introduction du droit
Romain, &c. dont nous parlerons tout-
à-l'heure, il est déchu de son autorité dans
plusieurs provinces, & son observation
est presque bornée aux pays de la branche Ernestine & Albertine. Lorsqu'on
veut se servir du Miroir Saxon, il est nécessaire d'y ajouter les gloses, & il faut
bien se garder de le confondre avec le
droit féodal de Saxe.

§. VI. *Le Miroir Souabe* est une autre
compilation d'anciennes lois & coutumes germaniques ; moins considérable à
la vérité que le miroir Saxon, mais qui
cependant avoit autorité dans les provinces sur le Rhin, dans les Pays-bas, & dans
quelques autres contrées de l'Allemagne.
On en a diverses éditions avec des gloses
& commentaires.

§. VII. Enfin il faut compter au nombre des anciennes lois germaniques le
droit ou les *Statuts de Lubeck*, célebre
sur-tout pour les us & coutumes de la
mer & les lois du commerce, les *Statuts
de Hambourg, les lois de Holstein, le*

droit de Ditmarsen, &c. quoique ces constitutions ne soient ni d'aussi ancienne date, ni d'une autorité aussi étendue que les précédentes. On peut s'instruire plus à fond de ces divers droits dans le fameux traité de *Conring*, *de Origine Juris Germanici*, dans *l'histoire du droit Germanique de Hoffmann* & dans le *Codex legum antiquarum de Lindenbrog*, &c.

§. VIII. Remarquons ici que le droit aussi bien que la jurisprudence moderne de l'Allemagne est un composé 1°. de l'ancien droit germanique, 2°. des nouvelles lois de l'Empire, 3°. des nouvelles ordonnances & statuts que les puissans Princes de l'Allemagne ont faits dans leurs Etats, 4°. du droit Justinien ou Romain, & 5°. du droit canon. Ce n'est pas le lieu d'examiner dans cet abrégé si toutes ces lois étrangeres auroient dû obliger les peuples d'Allemagne, & à quel point elles les obligent en effet. Il suffit de savoir que la chose est ainsi. Le reste s'apprend en étudiant la Jurisprudence même.

§. IX. A l'égard de *l'ancien droit commun Saxon* en particulier, il faut ne pas ignorer qu'il est composé, 1°. du droit provincial ou du Miroir-Saxon, 2°. du Weichbild Saxon, & 3°. du vieux droit féodal de Saxe ; mais que les changemens des temps y ont apporté de grandes altérations, comme au droit germanique en général, & que d'autres temps ont fait naître d'autres mœurs, & par conséquent d'autres lois ; mais que cet ancien droit Saxon doit néanmoins être envisagé comme la base du nouveau, & qu'il subsiste au défaut de celui-ci.

§. X. Le droit Saxon moderne (*Jus Saxonicum speciale vel novum*) est très-différent de l'ancien. On le partage en *Electoral & Ducal*. Le premier est celui que les Electeurs de Saxe, en vertu de leur pouvoir, ont prescrit à leur Electorat & aux pays qui y sont incorporés. Ce droit est composé d'ordonnances, de décisions, de réglemens de police & d'autres lois de toute espece. On y trouve sur-tout les constitutions de l'Electeur Auguste de l'année 1572, divisées en quatre parties que Muller & Carpzow ont illustrées par d'amples commentaires. Il faut y ajouter les *redressemens des griefs* du pays de l'année 1609, & les décisions de l'Electeur Jean George II. au nombre de 91, que Jean Philippe a éclaircies par ses remarques. Tout cela forme le corps du nouveau droit Saxon, & exige une étude particuliere.

§. XI. *Le droit Saxon ducal* s'observe proprement dans la branche Ernestine. Il consiste en diverses constitutions, ordonnances de procès, réglemens de police, arrêts des Tribunaux & autres lois semblables. Toutes ces constitutions (ainsi que le droit Saxon ducal en général) suivent cependant l'analogie du droit Saxon universel. Ce droit oblige ou *tous les Etats* des pays où il est reçu, ou bien *quelques Etats* en particulier. Il y a encore en Saxe quelques villes & contrées qui ont leurs lois & coutumes municipales & particulieres, d'où naît ce qu'on nomme le *Jus statutarium*, qui forme de nouvelles difficultés dans l'étude de cette Jurisprudence, & la rend très-compliquée.

LIVRE

LIVRE PREMIER.

CHAPITRE XVII.

LE DROIT FÉODAL.

§. I.

LORSQUE dans l'étude de la Jurisprudence on croit avoir appris tout, il reste encore bien du chemin à faire pour parvenir à une science complette. Les divers états que les hommes occupent dans la société, & leurs différentes fonctions leur ont donné de certaines prérogatives, de certains avantages, & imposé de certains devoirs dont il est résulté des droits particuliers que l'homme de Loi doit nécessairement connoître. Parmi ces droits particuliers on compte d'abord le *droit féodal*, dont nous tracerons ici les premieres lignes. Cette matiere appartient en partie au droit politique ou public en tant qu'elle regarde les intérêts des

Tome I.   H

Souverains & les liaisons qui subsistent entre eux & plusieurs de leurs sujets, & en partie au droit civil, en tant qu'elle porte sur la fortune privée d'un grand nombre de citoyens.

§. II. Sans entrer dans les doctes subtilités que je trouve dans le livre de l'esprit des Lois, l'histoire & la raison me fournissent des motifs & des argumens également puissans pour croire que l'origine des fiefs dérive des anciens Germains, de leur esprit guerrier en général, & de leur *droit du plus fort* en particulier, moyennant lequel il étoit permis à chaque homme libre, possédant des portions de terre, de se rendre raison par des voies de fait. On doit se rappeller que l'Allemagne étoit habitée anciennement par une quantité de peuples grands & petits, que ces peuples avoient chacun un Chef, & qu'au reste toute la nation étoit partagée en hommes libres & en serfs. Je ne m'arrêterai pas à prouver ces choses que l'histoire enseigne à chaque page, & je n'entrerai pas non plus dans le détail des usages & des lois qui résulterent de cette situation. Je me contenterai de remarquer que les fiefs en prirent naissance, & que sans une espece de miracle ils ne pouvoient pas manquer d'en résulter.

§. III. En effet, les Rois, les Ducs, les Princes de ces peuples, comme on voudra les nommer, qui avoient presque toujours les armes à la main, étoient sans cesse environnés par une foule de guerriers, dont les uns sont nommés par les Auteurs Latins (les seuls que nous ayons sur l'ancien état de la Germanie) *Comites*, ou *Commilitones*, compagnons, & les autres *fideles*, les fideles. Les Grands, les Chefs du peuple, les plus puissans Seigneurs avoient aussi de leur côté chacun sa petite troupe, son espece de garde. Il est tout simple que ces compagnons, ces *commilitones*, ces fideles ne pouvoient pas vivre de l'air eux & leurs serfs, & qu'il leur falloit une récompense de leurs services. L'usage de la monnoie étoit inconnu alors aux Germains. Il falloit donc nécessairement que les Princes & les Chefs leur donnassent des portions de terres & le droit d'employer la main des habitans qui appartenoient à ces terres, pour les cultiver, comme aussi celui d'armer ces habitans au besoin, & de les employer, soit à les suivre lorsqu'ils alloient accompagner le Prince à la guerre, soit à se défendre eux - mêmes, lorsqu'en vertu de la voie de fait ils étoient attaqués dans leurs propres possessions, ou qu'ils vouloient

tirer raison de l'injure d'un voisin. Cette
donation d'une terre s'appelloit en latin
feudum, en vieux françois *fé*, vraisemblablement de *fideles*, & en Allemand
Lehn qui signifie prêt, *prêter*. Les Chefs
des nations donnoient donc ces terres par
voie de prêt, aux conditions ci - dessus
énoncées, mais s'en réservoient la souveraineté. Les hommes libres ou les hommes gentils qui possédoient ainsi ces terres, devinrent par une suite naturelle des
choses humaines, puissans; à mesure que
leur puissance augmenta ils étendirent à
leur avantage les conditions sous lesquelles ils tenoient ces terres; & ce n'est
proprement que dans le XIIIe. & le XIVe.
siecle que nous trouvons des traces bien
marquées de la souveraineté ou de la supériorité territoriale que les vassaux exer-
çoient dans ces fiefs. Les mœurs chan-
gerent aussi & s'adoucirent peu à peu :
la forme du Gouvernement fut enfin totalement renversée. Charlemagne con-
quit la Germanie & la réduisit en province de son Empire. Les possessions des
fiefs resterent, & aux anciennes conditions on en ajouta de nouvelles, qui furent toujours amplifiées à mesure que les
choses prirent une autre face. Les réglemens qui se firent à cet égard eurent force
de loi, & de là est né successivement le

droit féodal avec tous ses termes techniques, de Seigneur suzerain de ressort,
de vassal, de félonie, &c. &c. qui forme
aujourd'hui une science très-vaste & très-
compliquée.

§. IV. Il y a une seconde espece de
fiefs, dont l'origine est différente, mais
tout aussi naturelle que la premiere. Ce
sont les *feuda oblata* ou *fiefs offerts* ou
transférés. Voici en quoi ils consistoient.
Tant que *le droit du plus fort* subsista,
il est naturel que les plus foibles se trou-
vassent sans cesse exposés aux attaques
des plus puissans, & fussent bien moins
encore en état de s'en faire rendre justice.
Ils avoient donc recours à la protection,
& pour l'obtenir ils offroient à quelque
voisin, à quelque Seigneur puissant, ou
même au Prince de la nation la *Suzeraineté* sur leurs terres, ils lui promettoient
quelques redevances, quelques services,
quelques secours au besoin, à condition
qu'il leur accorderoit en revanche toute
la protection dont il étoit capable, &
les assisteroit dans toutes les occasions
où ils se verroient contraints de la ré-
clamer. Ce transport, cette aliénation de
la suzeraineté des terres & possessions
devint irrévocable, & par conséquent
ces fiefs offerts volontairement, prirent
la même nature des autres fiefs donnés

par le Seigneur, à quelques petites modifications près.

§. V. La Religion a eu de tout temps
un puissant pouvoir sur l'esprit des hommes, & la religion Catholique plus que
toutes les autres. Après que Charlemagne
eut converti les Germains au Christianisme, & que l'autorité de la Hiérarchie de
l'Eglise Romaine se fut étendue en Allemagne, plusieurs de ces fiefs tomberent au
pouvoir du Clergé, qui en posséderent
quelques-uns à titre de suzerains, & d'autres à titre de vassaux. Quelques possesseurs
de terres crurent se procurer un grand
appui en offrant ces terres en fiefs à l'E-
glise qui étoit non-seulement respectée,
mais tenue pour sacrée. Dans une Religion d'ailleurs où les Ministres de l'Autel sont de grands Seigneurs, comme des
Cardinaux, Evêques, Prélats, &c. il
étoit nécessaire de les pourvoir d'une
subsistance convenable à leur état ; &
les Princes ou Chefs des nations Allemandes leur donnerent pour cet effet
beaucoup de terres en fiefs, d'où sont
venus *les Fiefs ecclésiastiques.*

§. VI. Telle étant la vraie origine &
la nature des fiefs en général, il est surprenant que les Allemands aient pu porter ce singulier usage dans les Gaules &
ailleurs, & plus surprenant encore que

ce droit & cet usage n'ait pas été aboli
après que l'Empereur Maximilien I. en
eut éteint la source , & détruit tout le
fondement par l'abolition du droit du plus
fort & des voies de fait. C'est une regle
fondée sur le sens commun, que *lorsqu'une
cause cesse , tous ses effets doivent cesser
aussi*. Il y a aujourd'hui des Seigneurs
suzerains & des vassaux , tandis qu'il n'y
a plus de guerres particulieres , & que
toutes les querelles des citoyens sont décidées par-devant les Tribunaux. Les Souverains ont aussi le droit d'employer leurs
sujets à la guerre en vertu de leur droit
de souveraineté , droit bien autrement
sacré que celui de *suzeraineté*. Ces fiefs
d'ailleurs sont contraires à tous les principes de la saine politique , ils forment
à la lettre ce qu'on nomme *statum in
statu* , un état intermédiaire qui ne signifie rien au fond , qui multiplie les êtres
sans nécessité, qui donne lieu à une Jurisprudence toute particuliere , qui cause
des distractions dans la société, qui rend
les possessions incertaines & souvent arbitraires , qui tend des pieges & des lacets
continuels aux citoyens pour les faire
tomber ou dans la félonie ou dans de
petites fautes & inadvertences contre le
droit féodal , & pour les dépouiller de
leurs biens à l'ombre des lois.

H iv

§. VII. Parlons naturellement. L'usage du renouvellement des fiefs & des redevances payées à chaque cas de mort du suzerain ou du vassal, ou à chaque autre aliénation, prouve bien ce que nous venons de dire, que les fiefs n'ont été obtenus originairement que par maniere de prêt ou d'emprunt. Tous les services personnels ont d'ailleurs été réduits en redevances pécuniaires & contributions. Quel besoin y a-t-il de multiplier les contributions & de les prendre sous tant de titres divers qui sont autant de vexations pour le citoyen laborieux ? L'Etat ne peut-il pas les prendre par une voie plus simple & plus commode ? L'Etat n'a-t-il pas sur toutes ses terres & sujets le droit de souveraineté ? A quoi servent ces petites & misérables lois & regles de félonie, &c. Eh bien ! Vous dépouillez à la faveur de ces lois une famille illustre de son patrimoine, vous ruinez quelques-uns de vos meilleurs citoyens, pour acquérir leur terre, ou bien vous en obtenez la propriété par l'extinction d'une famille noble : vous avez fait là un beau chef-d'œuvre ! Vous perdez des sujets qui vous sont indispensables à la guerre, au conseil, à la cour & à tous les premiers emplois : au lieu des services qu'ils vous rendoient & des contributions qu'ils vous payoient, vous incorporez leurs terres à votre domaine, & les faites régir par vos Chambres de Finances, sociétés les plus propres du monde pour ôter à un pays tout son lustre & pour avilir l'œconomie rurale. Les châteaux tombent en ruine, les jardins sont dévastés, les champs abandonnés à la rapacité des amodiateurs, les troupeaux de même, les forêts sont perdues; la lésine se montre par-tout, l'industrie, le luxe dans l'agriculture expirent, les nouveaux établissemens & la perfection des objets, qui sont une suite de la diversité du génie des habitans, cessent. Enfin tout prend une allure uniforme & stérile; & encore un coup, vous faites un chef-d'œuvre admirable ! Tout Souverain qui ne se hâte point de donner les fiefs qui lui sont dévolus, est très-mal instruit sur ses véritables intérêts.

§. VIII. Mais puisqu'on ne sauroit faire revenir les hommes des erreurs où il s'agit de leurs intérêts, quoiqu'apparens & chimériques, il faut montrer ici à la jeunesse studieuse ce que sont aujourd'hui les fiefs qui subsistent encore & où ils peuvent trouver la source des lois qui en découlent. Il paroît donc par tout ce qu'on vient de dire, *qu'un fief est un certain bien que le propriétaire donne ou cede à*

H v

un autre, *sous condition de fidélité, de certains services, ou de certaines redevances, avec la clause qu'il ne sauroit être ni aliéné, ni transféré par héritage à d'autres possesseurs à l'insçu du premier propriétaire, ou sans son consentement, & sans un renouvellement de la fidélité promise.* Un pareil bien est nommé *fief*, & en latin *feudum* ou *beneficium*, le propriétaire qui le donne *Seigneur suzerain*, le possesseur qui le reçoit *vassal*, la promesse de fidélité *hommage*, la contravention à cette promesse *félonie*, &c.

§. IX. Le droit féodal contient donc toutes les lois, à l'observation desquelles les Seigneurs suzerains & les vassaux sont assujettis, & qui servent de regle & de fondement aux décisions dans tous les cas où il naît entre eux quelque différent relatif au fief. Il faut convenir que ce droit est aussi obscur & aussi hérissé de difficultés que le fond de la chose même. Loiseau, en parlant du mot de *suzeraineté*, dit que ce terme est aussi étrange que cette espece de Seigneurie est absurde. Sous l'Empereur Frederic II. un certain *Hugolin* composa un livre du Droit féodal après les us & coutumes des Lombards, & l'ajouta aux Novelles de Justinien comme une dixieme collation. Ce droit Lombard fut introduit avec le droit

Juſtinien, d'abord dans les Académies, & enſuite par les Juriſconſultes dans les Tribunaux des fiefs. Mais comme il étoit imparfait & même défectueux en pluſieurs endroits, on ſe vit obligé d'avoir recours aux coutumes des Allemands, & d'adopter par voie de ſupplément diverſes lois du droit féodal de Saxe & de Suabe. Le droit Romain & le droit Canon y furent mêlés auſſi ſucceſſivement ; tout cela a formé un compoſé aſſez bizarre. C'eſt un édifice dont le fondement eſt vicieux & ſuranné, & dont l'élévation eſt chargée d'ornemens Gothiques & Romains à la fois.

§. X. Pour obvier à tant d'inconvéniens, on partage le droit féodal en *univerſel* & *particulier*. Le premier comprend le droit Lombard, & on le croit ſuſceptible d'une application générale à tous les pays. Le ſecond regarde l'Allemagne en particulier ; mais comme les uſages varient dans les différentes Provinces & Etats de l'Allemagne, il faut encore ſe mettre au fait de tout ce que la coutume a introduit, & de ce qui eſt reçu dans chaque Tribunal particulier des fiefs. Les différentes gloſes qui ont été faites ſur le texte du droit féodal des Lombards & des Germains, n'ont ſervi qu'à obſcurcir & à embrouiller encore davantage cette matiere.

§. XI. Un célebre Jurifconfulte, nom-mé *Schilter* a publié un *Jus feudale Ale-manicum* rempli de bon fens & d'éru-dition, & *M. Thomafius* dans fon traité *de Selectis feudalibus* a mis au jour l'ou-vrage d'un ancien Auteur *de Beneficiis*, qui ont ruiné le crédit des lois Lombar-des en Allemagne : mais y a-t-on fubftitué quelque chofe de plus raifonnable ?

§. XII. Celui qui veut s'appliquer à cette fcience fera bien, dans ce chaos de matieres & de lois, de rechercher les fources du droit féodal dans l'hiftoire du Droit, & de lire les meilleurs Auteurs qui en ont traité, & dont il trouvera les noms dans un ouvrage qui a pour titre : *Erici Mauritii Nomenclatorem Scripto-rum in jus feudale.* Il fera encore mieux de faire un cours complet du droit féo-dal fous un Profeffeur habile, de lire les meilleurs traités qui en ont été écrits, de confulter toujours l'hiftoire & de s'in-former foigneufement des lois, regles & ufages reçus dans chaque pays, & dans chaque Tribunal établi pour juger les caufes féodales.

LIVRE PREMIER.

CHAPITRE XVIII.

LE DROIT ECCLÉSIASTIQUE pour l'Eglise, tant Catholique que Protestante.

§. I.

IL ne faut pas s'imaginer que le droit Ecclésiastique ou le droit de l'Eglise soit ainsi nommé, parce qu'il a une origine divine, qu'il est émané immédiatement de Dieu, ou tiré mot à mot des saintes Ecritures : non ; c'est *un recueil de Lois humaines faites par le Souverain, qui concernent non-seulement toutes les personnes appartenantes à l'Etat ecclésiastique, mais aussi tous les objets qui sont relatifs à l'exercice extérieur de la Religion.* Il est vrai que l'usage ou l'abus a soumis à la Juridiction Ecclésiastique beaucoup de choses qui n'y appartiennent point dans le sens le plus précis ; mais comme il n'en résulte point de dommage essentiel à la société , & que tous les Consistoires & Tribunaux de justice ecclésiastique sont établis par le Souverain du lieu , qu'il y place à son gré les membres , que les affaires y sont décidées en son nom , & sous son autorité , en vertu de son droit de supériorité territoriale , il importe peu que ce soient des Laïques ou des Ecclésiastiques qui exercent cette espece de justice ; d'autant plus qu'il s'y présente souvent des cas où il semble qu'il soit nécessaire que les Juges soient versés dans la Doctrine Théologique.

§. II. Comme la Jurisprudence ecclésiastique enseigne les lois civiles d'un Etat pour les personnes & les objets qui appartiennent à l'Eglise , il ne faut pas confondre cette science avec la prudence ecclésiastique dont nous avons parlé plus haut en traitant des différentes parties de la Théologie. Nous y renvoyons le lecteur.

§. III. Depuis le temps de la réformation on peut diviser le droit ecclésiastique en deux parties , l'une qui oblige les Chrétiens catholiques , & qu'on nomme le *Droit Canon* ; l'autre qui oblige les Chrétiens protestans , & qu'on appelle *le Droit consistorial* ou Ecclésiastique de

l'Eglise proteftante ; quoique cette Eglife
ait confervé beaucoup de principes, de
décifions & d'ordonnances du Droit canon même. Ce n'eft pas un petit inconvénient dans le Proteftantifme que les limites de l'autorité du Droit canon ne foient
pas exactement marquées, & que perfonne ne fache à quel point & dans quel
cas fes décifions & fes maximes obligent
ces mêmes Proteftans. Nous verrons tout-
à-l'heure que, quoi qu'on en puiffe dire,
leurs Tribunaux eccléfiaftiques fuivent
l'analogie du Droit canon, & qu'il eft
adopté par l'ufage, là où manquent les
Lois pofitives des Souverains.

§. IV. Après que le Chriftianifme fe
fut étendu en Orient & en Occident, &
que l'ufage des Conciles fe fut introduit,
les Eccléfiaftiques affemblés tournerent
leurs vues fur la police des mœurs &
la conduite extérieure des Chrétiens, &
firent à ce fujet quelques Ordonnances ou
Canons. Ce mot eft Grec & fignifie *Regle*.
On avoit dans ces temps la manie de
donner aux chofes les plus fimples, fur-
tout quand elles concernoient l'Eglife,
des noms recherchés & étrangers, pour
les couvrir d'une efpece de voile, les
rendre par-là refpectables, aux yeux du
vulgaire, & fe donner un air de grand
favoir. Ces canons, qui ne font ou que

des décisions sur des matieres de Religion, ou des réglemens de police & de discipline ecclésiastique, faits par un Concile général, ou national, ou provincial, ont été recueillis en divers temps. Les Evêques se sont servis d'abord de ces recueils pour étendre leur autorité, & dans la suite les Papes en ont fait le même usage pour affermir leur Hiérarchie, en chargeant tout le monde Chrétien d'un Code ou Corps de Droit fabriqué sur leurs maximes. Notre droit civil est donc Romain, notre droit ecclésiastique l'est aussi. C'est ainsi que Rome après la destruction de sa Monarchie, gouverne encore l'Europe sous l'autorité de la Thiarre & de ses Lois; c'est ainsi que s'accomplit la prophétie des Augures que le Dieu *Termes* placé au capitole, ne rétrogradera jamais.

§. V. On prétend que les canons ont été recueillis dès le troisieme siecle. *Denys le petit* au cinquieme siecle en fit une plus ample collection, & après lui *Ferrandus, Cresconius*, & sur-tout *Isidorus Mercator*. De ces différentes compilations est né le célebre *Décret*, ou *la Concordance des canons discordans*, qui a été fait en 1151. par Gratian, moine Bénédictin, des textes de la Bible, des Conciles & des sentimens des Peres de l'Eglise. Il a été augmenté encore par les *Décrétales* du Pape

Grégoire IX. Boniface VIII. ajouta à ces Décrétales le sixieme Livre. On doit à Clément V. ses *Clémentines*. Jean XXI. y joignit ses *Extravagantes* , & enfin on y a ajouté encore les *Extravagantes communes*. Toutes ces choses composent le corps ou le cours du Droit Canon que nous avons en trois volumes *in-fol.* en y comprenant les Commentaires (*). C'est aujourd'hui la Jurisprudence autorisée par le S. Siege , & de laquelle seule on se sert dans les pays Catholiques dans le for extérieur & contentieux. En France cependant ces Décrets ne sont pas tous reçus. On en a rejeté plusieurs, & le Droit Canon en général n'y a d'autre autorité absolue que celle qu'il plaît aux Rois de lui donner.

§. VI. Les Evêques Allemands ont trouvé moyen de le faire valoir davantage dans l'Empire , & les Princes protestans même en ont retenu les principales maximes pour les procès , les causes matrimoniales , & pour divers autres objets du Droit ecclésiastique , du Droit civil & du Droit féodal. Nous avons même deux ouvrages curieux sur cette matiere. L'un est la Préface qu'*Ar-*

(*) La meilleure Collection est celle qui a été publiée à Halle par feu M. le Chancelier Bœhmer. Elle est dédiée au Pape.

nold Corvinus a mis à la tête de ses Aphorismes du Droit canon, & l'autre un Livre fait par un Anonyme, qui a pour titre : *De jure canonico, quatenus in Academiis reformatis, atque judiciis Lutheranorum salvâ conscientiâ retineri possit & observari, jure consultorum quorumdam judicia.* Tout Jurisconsulte qui veut se rendre habile, doit donc non-seulement étudier soigneusement l'Histoire du Droit canon, mais aussi faire un cours complet de cette Jurisprudence, & lire enfin les meilleurs Commentaires qui y ont été faits.

§. VII. Le Droit ecclésiastique & consistorial des Protestans exige encore une étude nouvelle & particuliere. Il faut partir ici de certains principes fondamentaux. Le fond de la Religion dans ses dogmes & les principes de sa morale est tout céleste, tout spirituel, & ne souffre sous quelque prétexte que ce puisse être, aucun juge temporel, ni des Lois humaines ; d'où l'on peut voir aussi combien il est absurde qu'un Souverain veuille s'attribuer une autorité quelconque sur les consciences : mais l'état de la Religion, l'arrangement de l'exercice extérieur de la Religion, & les personnes aussi-bien que d'autres objets qui y appartiennent sont sans contredit soumis aux Lois civiles & politiques, à la Majesté & au souverain pouvoir de l'Etat, qui en peut disposer, y apporter des tempéramens, & y faire des changemens convenables aux temps, aux lieux & au bien public. Par la Réformation les Souverains ont acquis aussi un juste pouvoir sur l'état extérieur de l'Eglise & de la Religion, & dans le pays de leur dépendance, l'autorité & la juridiction du Pape & du Clergé ont cessé totalement, & les Ecclésiastiques y sont engagés à la fidélité, à l'amour de la paix, à la concorde & au respect envers le Gouvernement civil. L'autorité que le saint Siege, les Conciles, &c. s'étoient attribuée autrefois sur les consciences & sur la Religion même, est aussi tombée en même temps, & l'on n'y reconnoît que la seule autorité des Livres sacrés & canoniques. Tout cela forme une théorie entiérement différente pour le Droit ecclésiastique des Protestans.

§. VIII. Voici donc ce qu'il convient d'observer dans l'étude de ce Droit. 1°. Il faut tâcher d'acquérir une science profonde de la Religion & de l'état de l'Eglise, non-seulement par la lecture réfléchie des livres sacrés, & sur-tout du nouveau Testament, mais aussi en consultant les meilleurs Auteurs qui ont écrit sur cette matiere ; 2°. Il faut étudier l'Hiſtoire de la Réformation, & y voir ſur-tout de quelle maniere chez les Princes proteſtans les arrangemens des Egliſes & des Ecoles ont été changés ſucceſſivement & diverſement ; 3°. Apprendre du Droit public quelles ſont les limites du pouvoir d'un Etat ſur les Egliſes d'un autre Etat qui lui eſt ſubordonné, l'Hiſtoire des Univerſités, Académies, Ecoles ou Colleges, des ordonnances pour les Egliſes, des viſitations, des colloques & controverſes, de la paix de Religion, de l'inſtrument de la paix, des conſiſtoires, &c. 4°. Examiner quel eſt le Droit que chaque Souverain exerce ſur l'Egliſe, juſqu'où s'étend ſon pouvoir de décider les diſputes théologiques, &c. 5°. Se procurer une connoiſſance ſuffiſante des cérémonies de l'Egliſe & des adiaphores, &c. 6°. Réfléchir ſoigneuſement ſur la matiere de la liberté chrétienne & du pouvoir ſur les conſciences ; 7°. Faire une étude des Lois qui concernent les affaires matrimoniales, les degrés défendus, en un mot de tout le Droit divin poſitif & univerſel ; à quoi l'on peut ajouter ; 8°. S'informer des arrangemens des hôpitaux & de tous les établiſſemens charitables, & de leurs droits & privileges.

§. IX. Les matieres, *de reliquiis Sacramenti in rebus matrimonialibus, de jure Sabbathi, de Polygamia, de jure principis circa sacra, de libertate Ecclesiarum Germaniæ, Galliæ, &c. de beneficiis ecclesiasticis*, & une infinité d'autres, sont encore du ressort de la Jurisprudence ecclésiastique, & l'homme de Loi en doit être instruit.

§. X. A l'égard de l'Allemagne en particulier il est indubitable que les fondemens du Droit ecclésiastique des Etats de l'Empire sont, 1°. la paix de la Religion ; 2°. les divers Recez de l'Empire qui agitent cette matiere ; 3°. l'instrument de la paix de Westphalie ; 4°. les Concordats de la Nation Germanique avec les Papes ; 5°. les constitutions particulieres, comme les réglemens des Eglises, des Ecoles, des affaires matrimoniales, &c. 6°. les protocoles & articles des visitations ; 7°. le Droit canon même, & 8°. la Coutume reçue en chaque pays. On a en Saxe un *Corpus juris Saxonici Ecclesiasticum* publié en 1708. & parmi les réglemens des Eglises, ceux de Saxe & de Würtemberg ont été jusqu'ici les plus estimés.

§. XI. Sur l'analogie des principes généraux qu'on vient d'indiquer, il est aisé de développer le systême que cha-

que Nation, chaque Etat, ſoit Catholique, ſoit Proteſtant a établi chez ſoi,
& ſuit dans ſon Droit eccléſiaſtique, &
quels objets ſont du reſſort de ce Droit.
Comme les Lois, les Us & les Coutumes,
& même les abus varient à cet égard
dans tous les pays, & que la Juriſprudence eccléſiaſtique qui en réſulte ſuit
ces variations nuancées à l'infini, il eſt
impoſſible d'entrer ici dans un examen
plus détaillé à cet égard. Nous croyons
avoir ſatisfait à notre plan en donnant
une idée générale du Droit eccléſiaſtique & en découvrant les ſources où l'on
peut puiſer les connoiſſances particulieres
ſur cette matiere.

§. XII. Les pays où l'Egliſe Grecque
eſt établie, & où l'on ſuit ſon ancien Rit,
comme en Ruſſie & dans les Dioceſes
des Patriarches d'Alexandrie, d'Antio-
che & de Conſtantinople, dans la Grece
& ailleurs, il y a auſſi un Droit eccléſiaſtique, & qui n'eſt pas non plus pré-
ciſément le même dans tous ces pays.
Comme il n'y a point de Hiérarchie ab-
ſolument indépendante dans cette Egliſe,
ainſi que dans la Latine, mais que les
Patriarches, les Archevêques, les Evêques, les Métropolitains, les Suffragans,
les Papas ou Curés, les Caloyers & autres
Religieux ſont tous ſoumis immédiate-

ment au Souverain du lieu, qui leur rend toutes sortes de respects dûs à leur état, mais qui leur lie les mains en les baisant ; qu'on ne connoît dans cette Eglise ni Pape, ni sacré College, ni Inquisition, ni Bulles, ni Légats, ni Nonces, ni rien de ce qui forme le systême politique de l'Eglise Romaine ; il s'en faut de beaucoup que l'étude du Droit ecclésiastique dans les états qui suivent la Religion Grecque, soit aussi composé & aussi difficile que dans les autres pays de la Chrétienté.

LIVRE PREMIER.

CHAPITRE XIX.

Le Droit Mercantil, le Droit de Marine & le Droit Cambial.

§. I.

SI les Fiefs, le Clergé, le Militaire, la Vénerie, les Mineurs & tant d'autres états dans la société civile ont chacun leur Droit, il n'est que juste que le Commerce, la source de toute prospérité dans une Nation, soit aussi l'objet des soins du Législateur; & comme ses succès sont fondés sur divers principes fondamentaux, qu'il ait aussi un Droit particulier conforme à ces principes. Nous traiterons ici de ce Droit, que tout homme de loi doit savoir, & nous le combinerons avec le Droit de la mer & le Droit cambial, parce que la liaison intime du commerce, de la marine & du change, ne nous permettent pas

de

de les séparer, & que ces trois objets forment naturellement une seule matiere. Nous pourrions nous dispenser d'entrer dans des détails à cet égard, & renvoyer nos Lecteurs à ce que nous en avons dit dans nos institutions politiques au chapitre du commerce, où tous les grands principes se trouvent établis; mais comme notre intention est de ne pas laisser ce système de l'érudition générale incomplet, & que d'ailleurs il s'agit ici moins des Lois à faire en faveur du commerce, que de celles qui subsistent déja & de leur application; on trouvera que l'analyse suivante n'est pas tout-à-fait superflue en cet endroit.

§. II. La plupart des Nations, sur-tout celles que nous nommons *Commerçantes* par excellence, ont fait un grand nombre de Lois pour le commerce, la marine & le change, dont on a formé tantôt des Codes complets, & tantôt de simples recueils sous le titre d'Ordonnances, &c. Il est très-naturel qu'un Jurisconsulte appellé à juger des cas de commerce, ou à plaider des causes mercantiles connoisse ces Lois & ces Réglemens, & en fasse une étude sérieuse; & que ceux même qui exercent le commerce en sachent la jurisprudence; mais j'avoue qu'il m'est inconnu qu'on ait jamais réduit ces objets en un vrai fyftême, qu'on en ait fait une difcipline réguliere, qu'on ait rangé les matieres dans un ordre naturel, établi les principes de chaque matiere, rapporté les Lois qui les décident, expliqué ces Lois, & fait des applications juftes aux cas particuliers. Si un tel ouvrage exifte, fa réputation n'eft point parvenue jufqu'à moi.

§. III. Les Nations qui ont reconnu les immenfes avantages que procure le commerce, & qui ont entendu fes vrais intérêts, lui ont accordé d'abord toute LA LIBERTÉ dont il eft fufceptible. Cette liberté eft l'ame de tout commerce, mais ce n'eft pas une liberté illimitée & fans bornes. Il n'eft pas permis à tout Citoyen de négocier avec tout ce qu'il veut, & de quelle maniere il veut, mais il lui eft permis de tirer tout le parti poffible de fon négoce particulier, en tant qu'il eft toléré par l'Etat, & qu'il ne nuit pas aux intérêts de la fociété & du commerce général. La liberté du commerce confifte encore en ce que chaque négociant, chaque fujet puiffe favoir d'avance avec quelles marchandifes & comment il lui eft libre de négocier, fans craindre qu'on faffe contre lui des Lois après coup & dépendantes du caprice du Souverain ou de fes Miniftres.

C'est ainsi qu'en Angleterre, en France & en Hollande, les pays les plus libres & les plus commerçans qu'on connoisse, plusieurs branches de commerce sont ou totalement prohibées, ou permises à de certaines conditions, ou sous de grandes restrictions. Le Jurisconsulte doit donc s'appliquer à connoître par les Lois de l'Etat, quel est le commerce permis dans chaque pays, & sous quelles conditions il est permis, ou quelles sont les restrictions qu'on lui donne.

§. IV. LA PERTE DU TEMPS est une perte énorme pour le commerce général. On suppose donc 1°. que la sagesse des Lois a pourvu à cette perte, que les Lois pour les affaires du commerce ne sont ni trop multipliées, ni trop subtiles; 2°. Que la forme des procès pour ces affaires est courte, point hérissée de chicanes ou de formalités; 3°. Qu'il y a des Tribunaux particuliers établis pour décider les cas sur le champ; 4°. Que les sentences seront promptes & brieves; & 5°. que l'exécution de ces sentences les suivra à l'instant, sans difficultés, sans retardement, & sans beaucoup de frais ou de dépenses. Les Juges & les Avocats ne doivent jamais perdre ces maximes de vue, mais les étudier & en faire l'application.

I ij

§. V. Il faut connoître le tarif des impôts que les marchandises payent à la douane. Ce n'est pas l'affaire du Jurisconsulte d'examiner si ces impôts sont calculés sur une juste proportion, cet examen regarde le Financier ; mais le premier doit savoir ce que les Lois ordonnent à cet égard ; & sur le principe que nous venons d'établir au §. précédent, il doit veiller que le Négociant ne soit pas exposé à perdre son temps précieux, par les chicanes, les vexations & les lenteurs ordinaires des douaniers, mais que toutes les expéditions s'y fassent avec promptitude, douceur & facilité.

§. VI. Le troisieme grand principe des succès du commerce est le CRÉDIT fondé sur la *confiance publique*. Toutes les Lois doivent aboutir à favoriser le crédit & à encourager cette confiance : toutes les Lois qui donnent des entraves au crédit, qui brident la confiance, sont défectueuses & absurdes. Le Jurisconsulte doit toujours supposer que l'esprit de cette regle regne dans chaque Loi de commerce, & ne jamais la perdre de vue dans l'application qu'il en fait aux cas qui se présentent. C'est aussi sur ce principe incontestable que sont fondées plusieurs maximes du Droit cambial, & sur-tout la

foi qu'on donne aux Livres des négo-
cians, & une infinité d'Us & Coutumes
du commerce.

§. VII. Outre les Lois écrites pour le
commerce, il y a encore des Coutumes
générales & fondées fur l'analogie du
Droit des gens, qui en reglent diverfes
parties, & d'autres ufages reçus dans
chaque pays en particulier. C'eft de quoi
il eft également très-à-propos de s'inftruire à fond; & s'il naît quelque con-
teftation épineufe entre un Négociant
étranger & un Négociant regnicole, la
décifion fondée foit fur les Lois pofitives,
foit fur le Droit coutumier, doit toujours
pencher un peu en faveur de l'étranger,
parce que cette équité généreufe eft très-
propre à augmenter la confiance & le
crédit d'une Nation au dehors, & que
l'Etat en retire un avantage mille fois
plus grand qu'il ne feroit en favorifant
ouvertement fon fujet, & en confervant
une petite portion d'argent de plus dans
fon pays; vu qu'en général rien n'eft fi
petit ni fi miférable que l'avidité de conferver contre vent & marée l'argent dans
l'Etat, dans des cas où il en pourroit fortir
avec avantage, & ces cas font plus fréquens qu'on ne penfe.

§. VIII. Pour conferver auffi cette confiance publique & ce crédit au dehors,

les Nations qui exportent leurs denrées & leurs manufactures, ont jugé néces- faire de déterminer par des Ordonnances particulieres les qualités essentielles que ces denrées ou ces manufactures doivent avoir, ainsi que leur degré de perfection, pour n'en point faire tarir le débit étran- ger. De là toutes les Ordonnances pour les fabriques, les manufactures & les dif- férens corps de métier. En revanche il y a beaucoup de marchandises importées qui doivent également avoir de certaines qualités essentielles, sans lesquelles on n'en permet point l'entrée, & on les confisque même souvent. Tous ces objets demandent bien des connoissances de détail, & une grande application.

§. IX. *Les monnoies* sont intimement liées avec le commerce, & c'est au Sou- verain assisté de son Conseil de finances à en régler le titre, le taux, l'aloi & le cours. Mais le Jurisconsulte ne doit pas être tout-à-fait ignorant dans cette ma- tiere : il doit savoir les Lois & Régle- mens qui ont été faits dans son pays, chez ses voisins, & chez les principales Nations de l'Europe sur les monnoies, & connoître les principes sur lesquels ces Ordonnances ont été établies.

§. X. *Les Représentations* des mon- noies ou les papiers, ont aussi leurs Lois,

& elles font très-essentielles. Parmi ces représentations les lettres de change occupent la premiere place & tiennent immédiatement au commerce. Il n'y a pas de Nation policée qui n'ait fait des Réglemens pour le Change, & de là est né le *Droit cambial* qui exige une étude réfléchie.

§. XI. Il y a réguliérement quatre personnes intéressées dans chaque lettre de change ; 1°. *Le Tireur* qui donne ou vend la lettre de change payable dans un autre endroit ; 2°. *Le Remettant* qui achete cette lettre de change & l'envoie à son correspondant pour en recevoir le payement ; 3°. *L'Endossé* ou le Présentant qui est ce correspondant étranger auquel ce payement a été assigné par le Remettant, en mettant sur *le dos* de la lettre de change, *payable à un tel* ; & 4°. *l'Acceptant*, qui est celui à la charge duquel cette lettre de change a été tirée, qui à la premiere présentation est obligé d'écrire le mot *Accepté* sur cette lettre de change, & de la payer lors de l'échéance. Les Lois doivent toujours pencher un peu en faveur du Remettant, parce qu'il ne sauroit être de mauvaise foi, ayant été obligé d'acheter & de payer argent comptant un simple papier sur le crédit & la confiance qu'il a mis dans le Tireur.   I iv

§. XII. Le reste de la terminologie du Droit cambial, l'explication de chaque terme, les principes sur lesquels chaque usage est fondé, tout cela demande une étude assez vaste ; & il est bon de se mettre bien au fait de ce qu'on entend par les mots de *Cours du change*, *Courtier*, *présentation*, *protestation*, *usance* ou *usances*, *non-payement*, & d'une infinité de termes techniques pareils. La Judicature prompte & expéditive des affaires du Change ne sauroit assez se recommander.

§. XIII. Les lettres de change qu'un débiteur donne à son créancier, & en vertu desquelles il s'oblige à le payer au bout d'un certain temps fixe & limité, n'appartiennent pas proprement au Droit cambial. Ce ne sont que des especes d'obligations qui exigent un payement exact & une prompte justice, mais qui sont plutôt du ressort du Droit civil.

§. XIV. Chaque pays qui a une navigation a aussi son *Code de marine*, & ce Code est très-vaste, parce que les objets sont immenses. La terminologie même en est effrayante, & tout cela demande une étude particuliere. Un Jurisconsulte cependant qui habite dans un port de mer, ou chez un peuple qui exerce le commerce maritime, ne sauroit s'en passer. Si dans un pareil pays

il ne se trouve pas de Code complet,
il sera bien de compiler toutes les Ordonnances de marine qu'il peut trouver
détachées, d'en former un recueil, de
les arranger selon l'ordre des matieres,
d'en faire un bon indice, & de se les
rendre familieres.

§. XV. La matiere des Assurances,
des Avaries, du Droit de Varech, des
Péages, des fonctions, charges & droits
des Lamaneurs ou Locmans, &c. est
intimement liée avec celle de la navigation ; & la plupart des Codes de commerce & de marine contiennent des Lois
& Ordonnances très-claires & très-dé-
taillées sur ces objets importans, qui toutes appartiennent à la Jurisprudence mer-
cantile, & que l'homme de Loi qui exerce
son métier chez une Nation commerçante
doit connoître à fond.

LIVRE PREMIER.

CHAPITRE XX.

LE DROIT MILITAIRE.

§. I.

TOUT Militaire est un Citoyen, & il n'a vis-à-vis des autres membres de la société aucun droit éminent, aucune prérogative essentielle, que celle qu'il usurpe quelquefois par la force ; mais ces usurpations sont toujours des injustices qui ne sauroient être soumises à aucune regle. Il est même tenu plus qu'aucun autre sujet au maintien du bon ordre & des Lois civiles, parce qu'il est payé par ses Concitoyens pour veiller à la sureté publique, & pour employer toutes ses forces, au risque même de sa santé & de sa vie, pour les garantir & les protéger contre toutes sortes de violences ou d'attaques, & contre tous les dangers intérieurs & extérieurs. Comme ces services sont très-grands, & les salaires très-petits, on a attaché à l'état militaire une seconde espece de récompense qui est *l'honneur*, & qui sert en même temps d'encouragement aux actions généreuses ; mais le soldat ne sauroit jouir d'autres privileges dans la société sans la troubler & y causer du désordre.

§. II. Le Droit militaire n'est donc que celui que les gens de guerre exercent entre eux, dans leur état même, pour le maintien de la discipline & du bon ordre, & pour atteindre le but que cet état se propose. Comme il n'y a jamais eu de peuple qui n'ait fait la guerre, il n'y en a point aussi qui n'ait fait des Lois, des Ordonnances militaires. Les anciens ont toujours servi naturellement de guides aux modernes. Polybe, Vegece, & quantité d'autres anciens ont donné les maximes usitées à cet égard de leur temps. Les modernes les ont suivis. Juste Lipse a publié un Traité *de re Militari Veterum*, Sichtermann a écrit *de pœnis militaribus* ; les ouvrages du Chevalier de la Valliere, de Vauban, de Montecuculli, de Puysegur, de Feuquieres, de Quincy, de Folard, sont remplis d'excellentes maximes d'où l'on peut puiser les principes de ce Droit, & les Ordonnances les plus utiles à faire sur cet objet. Nous avons encore pour la théorie du Droit militaire

I vj

quelques ouvrages qui ne font pas entré les mains de tout le monde, & qu'il convient de faire connoître ; tels font *Adriani Beieri Juris militaris prudentia in formam artis redacta*, in-8°. *Jenæ*, *Hieronymi Imhoffii Diſſertationes Militares*, *Pappi de Tratzberg Corpus Juris Militaris*, *Eberhardi Hagerii Corpus Juris Militaris*, & le *Droit Militaire complet des Puiſſances de l'Europe de Jean Frederic Schultz*. Ce dernier livre eſt écrit en Langue Allemande.

§. III. Mais il eſt bon d'avertir ceux qui veulent étudier cette matiere, que les maximes des anciens ne font pas toujours applicables à notre ſituation actuelle, parce qu'ils partoient d'un principe tout différent de celui qui ſubſiſte aujourd'hui. Autrefois quand la guerre étoit réſolue, on enrôloit les ſoldats, ou bien tout ce qui pouvoit porter les armes dans une nation s'armoit pour aller combattre, & s'en retournoit à la paix à ſes travaux ordinaires. Aujourd'hui la ſaine politique a changé totalement. Le militaire eſt devenu un état particulier dans la ſociété. Une partie des Citoyens s'y vouent dès leur jeuneſſe, ou y font engagés ſoit de gré, ſoit par artifice, ſoit même quelquefois par force. Chaque Puiſſance a fait dreſſer des *Articles de*

Guerre, qui contiennent en abrégé tous les devoirs des soldats , & un *Réglemens Militaire* beaucoup plus étendu, qui contient tous les devoirs des Officiers. Les châtimens pour les soldats & les peines pour les Officiers qui contreviennent à ces Ordonnances, y sont exprimées très-clairement. Quand un soldat est enrôlé ou un Officier engagé , l'Auditeur , qui est l'Officier justiciaire de chaque Régiment , lui lit les articles de guerre & lui fait prêter aux drapeaux non-seulement le serment de fidélité , mais aussi celui de l'exacte observation des articles de guerre qui lui sont expliqués. On donne aux Officiers le Réglement militaire pour y étudier leur devoir. C'est en vertu de cet engagement solemnel que les peines infligées aux contrevenans sont très-rigoureuses , & qu'un déserteur par exemple est puni de mort. Comme l'état militaire est un état violent & que le soldat est toujours armé , il est naturel que la justice y soit plus sévere que dans l'état civil.

§. IV. Les moindres fautes sont décidées par le Chef du Régiment ou par les Officiers de l'État-major assistés de l'Auditeur. Les cas plus graves & les crimes commis sont jugés par un Conseil de guerre, & les sentences sont envoyées enfuite en dernier reffort à l'approbation & confirmation du Souverain. Comme ces Confeils de guerre ne font compofés (à l'exception de l'Auditeur , qui doit être Jurifconfulte & homme de Loi) que de Militaires de tous les grades , on ne peut pas toujours faire un grand fond fur l'exacte juftice de leurs décifions. Les Lois militaires font à la vérité très-claires , mais il femble que le fimple bon fens de ces fortes de juges ne fuffife pas pour approfondir fi les cas qui fe préfentent font applicables à telle ou telle Loi , & fouvent un infortuné couvert d'un habit bleu , rouge ou blanc , eft envoyé au gibet , qui n'auroit pas perdu la vie , fi fa faute avoit été examinée par des Juges plus inftruits & plus verfés dans la Jurifprudence.

§. V. Un Confeil de guerre eft proprement une députation de gens de guerre raffemblés en corps & en forme de tribunal pour décider d'un crime ou d'une faute grave & capitale , commife contre les Lois de la guerre. Si le coupable eft dans les grades militaires inférieurs , le Confeil de guerre fe tient au Régiment même où il eft placé , & alors on prend deux députés de chaque grade depuis le fimple foldat jufqu'aux Capitaines inclufivement , qui forment ce Confeil fous le

préfidial d'un Officier de l'Etat-major &
le concours de l'Auditeur. Les moindres
grades votent les premiers, en commen-
çant par les foldats. Mais fi le coupable
eft un Officier de diftinction, un Chef
de Régiment, un Général, le Souverain
nomme dans l'Armée des Officiers integres & éclairés pour former ce Confeil
de guerre. Enfin comme les Maréchaux
ne font proprement que des Juges civils
dans l'Armée, ils forment un Sénat où
font portés les cas compétens. Ils jugent
auffi des duels, des affaires d'honneur, &c.

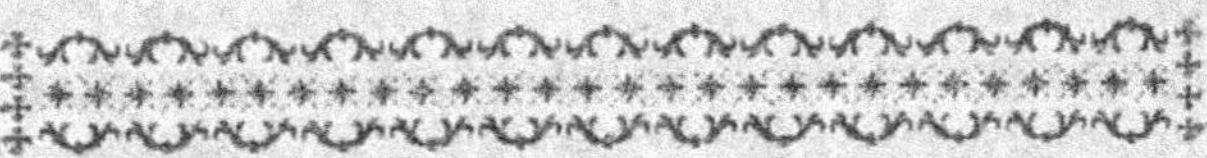

LIVRE PREMIER.

CHAPITRE XXI.

LE DROIT DE LA VÉNERIE.

§. I.

NOUS avons dit (Chap. XII. §. 3.) que *les Lois sont les rapports né-cessaires qui dérivent de la nature des choses*, & il s'ensuit que certains états, certaines professions dans la société doivent avoir leurs Lois particulieres, lors-que par leur nature elles sont si diffé-rentes des autres arts & métiers que le Législateur n'a pu comprendre dans sa législation générale les Réglemens & les Ordonnances qui les concernent en par-ticulier. La Vénerie & les Mines sont sur-tout dans ce cas. Il est vrai que l'économie rurale & presque tous les autres arts, professions & métiers ont des droits, statuts, regles, privileges, &c. qui leur sont particuliers ; mais comme ces Droits

varient dans tous les pays , & souvent
dans chaque province , que ces statuts
& privileges sont toujours chargés d'anciens abus , que la plupart des Souverains réforment & abolissent *sagement* ces
vieux us , coutumes & privileges , & que
les détails de ces objets sont immenses , il
est impossible de s'engager dans ce labyrinthe , qui n'appartenant pas d'ailleurs
directement à l'érudition générale, répan-
droit beaucoup d'ennui sur cet ouvrage.
Ceux qui veulent s'en instruire à fond
doivent faire une lecture réfléchie des
statuts & réglemens de tous les Corps
de métiers dans chaque pays. Quant à
nous , nous nous contentons de traiter
aussi briévement qu'il sera possible du
Droit de la vénerie , & de celui des
mines.

§. II. Les hommes ont renfermé leurs
biens & leur bétail dans des villes , dans
des enceintes , dans des murailles , en-
clos , bâtimens , coffres & armoires , pour
les mettre à couvert d'insulte ou les garantir de vol & de larcin ; mais il est
impossible de garder les forêts & le gibier , qui seroient abandonnés au premier
occupant si les Lois n'étoient pas extraordinairement rigoureuses à cet égard.
C'est aussi par la même raison qu'on
punit avec tant de sévérité les voleurs de

chevaux & d'autres bestiaux délaissés nuit & jour dans les pâturages. Les Officiers de la Vénerie & les chasseurs, qui habitent pour ainsi dire les bois, sont aussi sans cesse exposés non-seulement à l'intempérie des saisons, & à tous les dangers qu'entraîne la vie solitaire & sauvage, mais aussi a ceux que leur causent les voleurs de gibier, les traqueurs des bois, & souvent des voisins avides qui usurpent par la ruse ou par la violence l'exercice de la chasse sur le territoire d'autrui, & que le chasseur doit éloigner en opposant la force à la force. On a donc été obligé d'établir des Tribunaux séparés pour les affaires de chasse, de créer des Officiers de la Vénerie, & de donner des Lois particulieres sur ces divers objets, & de tout cela est né le Droit de la Vénerie.

§. III. Celui qui veut faire une étude fonciere de ce Droit doit apprendre à connoître, 1°. les Officiers de la Vénerie dans leurs différens grades ; 2°. les forêts mêmes ; 3°. les divers bois dont ces forêts sont garnies ; 4°. le gibier dont elles sont peuplées ; 5°. les outils & les instrumens dont les chasseurs se servent ; 6°. la terminologie de la chasse ; 7°. les Réglemens & les Ordonnances qui sont émanés du Souverain de chaque pays, & 8°. la coutume qui s'observe pour ces objets dans ces mêmes pays. Tous les Livres qui traitent de la chasse, des eaux & forêts, expliquent la plupart de ces choses. Déja l'Empereur Fréderic II. a écrit un Traité Latin de la Vénerie. Touilloux a fait pareillement un Livre *de la Vénerie*. En France il y a des Ordonnances en grand nombre sur la chasse, parmi lesquelles celles de Henri IV. du mois de Juin 1601. & de Louis XIV. du mois d'Août 1669. sont remarquables. Il y a aussi un Traité du Droit de la Chasse par F. de Launay, Professeur du Droit François, qui est fort bon. Nous avons en Allemagne *le Parfait Chasseur de Jean-Fréderic de Flemming* & plusieurs Ecrivains célebres, qui en traitant de l'économie de la campagne ont inséré dans leurs ouvrages des Dissertations sur la Vénerie & les Droits de la chasse. Enfin cette matiere est traitée fonciérement par la théorie & la pratique dans un Livre fameux intitulé : *Abasveri Fritschii Corpus Juris venatorium forestale Romano-Germanicum*. On peut lire avec fruit tous ces ouvrages, & les consulter au besoin.

§. IV. Il est à remarquer encore que le Droit de la Vénerie ne porte pas uniquement sur la chasse & les objets qui y sont relatifs, mais aussi sur les forêts, leur conservation, la coupe des bois , les divers usages qu'on en peut faire, les huiles, goudrons , cendres, poix-résines, charbons, &c. qu'on en tire, & en un mot sur diverses parties qui ont du rapport avec les domaines du Souverain , les finances & autres grands objets du Gouvernement , & tout cela suppose des connoissances solides & étendues. Il est donc essentiel qu'il se trouve dans l'Etat des personnes qui s'appliquent par préférence à cette partie de la Jurisprudence , & qui en fassent une étude fonciere.

LIVRE PREMIER.

CHAPITRE XXII.

LE DROIT DES MINES, ou Métallique.

§. I.

LES mineurs, & tous ceux qui employés à l'exploitation & aux travaux des mines, vivent pour ainsi dire dans un monde fouterrain ; il n'y a pas d'inftant dans leur vie où ils ne foient en danger de la perdre ; leur travail dur & pénible & l'air qu'ils refpirent, abregent leurs jours ; la fociété doit une récompenfe confidérable à cette partie des Citoyens qui fe vouent à un emploi auffi dangereux & auffi fatigant. D'un autre côté il importe à l'Etat que l'exploitation des mines, minieres & carrieres fe faffe avec autant d'art, de foins & de fuccès que poffible, parce que non-feulement les métaux précieux, mais auffi les métaux plus communs & plus à l'utilité directe & immédiate des humains, & en général tous les minéraux & foſſiles ſont précieux à la ſociété, & concourent infiniment à enrichir l'Etat qui les trouve dans ſon ſein. Ce double motif a engagé les Légiſlateurs à faire des Lois particulieres en faveur des mines & de ceux qui les régiſſent ou qui y travaillent ; de ces Lois eſt né le Droit des mines ou métallique, & de ce Droit la Juriſprudence qui en porte le nom.

§. II. Quiconque veut s'appliquer à cette Juriſprudence doit conſidérer avant toutes choſes que le Droit des mines n'a pas été formé & réduit en ſyſtême tout-à-coup, mais que les Lois qui concernent ces objets ont été données & étendues à meſure que les mines ont été découvertes, & que leurs veines riches ou abondantes ſe ſont multipliées. La forme ordinaire des procès n'étoit point applicable aux mines & à leurs ouvriers. Tous les Légiſlateurs d'ailleurs ont remis à des Juriſconſultes la confection des Lois civiles, & ceux-ci ont toujours laiſſé la porte ouverte à la chicane. Ils voyoient clairement que leurs maîtres n'aſſignoient pas aux Magiſtrats, aux Juges & aux Avocats des appointemens ſuffiſans pour vivre avec décence, ni un ſalaire proportionné à l'étendue & à l'importance de leurs travaux. Il falloit donc leur fournir les moyens de prolonger les procès & d'en augmenter les frais en faveur des Tribunaux, & ce font par-tout les Parties qui payent leurs Juges & qui les nourriffent. Mais comme il s'agiffoit de l'intérêt direct du Souverain dans les affaires des mines, que d'ailleurs les hommes qui tirent l'or & l'argent des entrailles de la terre font par-tout les plus pauvres & les plus miférables, & par conféquent les moins en état de contribuer à la fubfiftance des Magiftrats par des frais de procès, on a fimplifié les procédures, & les Lois ont mis les Juges dans la néceffité d'expédier toutes les affaires qui y font relatives, avec la plus grande promptitude & célérité.

§. III. Les mines & les objets qui en dépendent forment donc une régie particuliere expreffément réfervée aux Souverains de chaque lieu. On a établi des Départemens féparés, des Tribunaux inférieurs & fupérieurs, & diverfes Magiftratures pour les mines, qui toutes ont leurs Lois, privileges & coutumes particulieres. Il a été défendu auffi (fur-tout en Allemagne) d'évoquer les affaires ou procès qui naiffent dans les mines ou à leur fujet, à d'autres Tribunaux de Juftice, même par voie d'appel. De maniere qu'on doit confidérer le Droit métallique comme un Droit tout particulier. Celui qui en veut faire l'étude doit apprendre d'abord à connoître les noms, titres & fonctions de tous les Magiftrats & Officiers qui y font employés, ce qui, vu leur diverfité & leurs dénominations fingulieres, devient affez embarraffant.

§. IV. Il eft clair d'ailleurs que la décifion des affaires minérales & métalliques dépend de la connoiffance même des mines, des métaux & des travaux de l'exploitation. Toute cette connoiffance eft fondée fur des principes de phyfique & fur une grande expérience. Il eft donc néceffaire de poffder non-feulement une bonne théorie de la phyfique en général, mais de faire auffi une lecture réfléchie des meilleurs Livres qui traitent des Mines, de la Métallurgie, de la Géométrie fouterraine, de l'Hydraulique & de l'Hydroftatique des mines, de la Mécanique, de la féparation des métaux, &c. On doit enfuite apprendre s'il eft poffible par cœur les termes de l'art, qui font immenfes pour cette fcience; & lorfqu'on s'eft ainfi fonciérement inftruit de l'art même, des termes & des emplois des mines, on paffe avec fuccès à l'étude du Droit qui en réfulte.

§. V. Les Lois, les Us & les Coutumes

tumes reçues dans les diverses mines des
quatre parties du monde connu, ne sont
pas par-tout les mêmes. En Amérique
par exemple elles sont exploitées par des
esclaves Africains, que leurs maîtres ou
plutôt leurs tyrans Européens traitent
avec une sévérité qui révolte la nature.
En Asie, & dans quelques contrées de
l'Europe, ce sont ou des malfaiteurs ou
des vagabonds, ou des garnemens condamnés à ces travaux pénibles. Dans d'autres pays ce sont des serfs, ou des peuples subjugués, ou la plus vile partie des
Citoyens qui s'en occupent; dans d'autres contrées encore, comme en Saxe,
sur le Hartz & ailleurs, ce sont des Citoyens libres & considérés dans la société,
qui en font métier. Cette diversité d'usages cause naturellement une grande diversité dans les Lois, & par conséquent
aussi dans le Droit & la Jurisprudence.
Il y a en Allemagne un *Corpus Juris &*
systema rerum metallicarum, qui doit former le fond de la science du Jurisconsulte qui veut s'y appliquer. Il peut encore étudier le *Speculum juris metallici*
de Sebastien Span, le Traité *Le Baron de*
Lyncker, de Juribus minerarum, la Disser-
tation de *M. Horn de Libro Metallico an-*
zigrapho, & plusieurs ouvrages semblables.

§. VI. C'est ainsi qu'il acquerra une

Tome I. K

connoissance générale & une théorie fonciere des Mines & du Droit métallique.
Mais comme dans ces sortes d'objets, il
n'est rien de tel que d'enter, si j'ose m'exprimer ainsi, une bonne pratique sur une
théorie solide, l'Etudiant fera très-sage-
ment de ne pas se borner à puiser toute sa
science dans les Livres ni dans les Ecoles
des Docteurs, mais de se transporter sur
les lieux mêmes, de descendre dans les
mines & carrieres, d'y voir toutes choses
par ses yeux, & de s'instruire dans chaque pays des Constitutions, Lois & Ordonnances particulieres que le Souverain
y a faites pour les mines, & des Coutumes qui sont reçues ou adoptées par un
long usage.

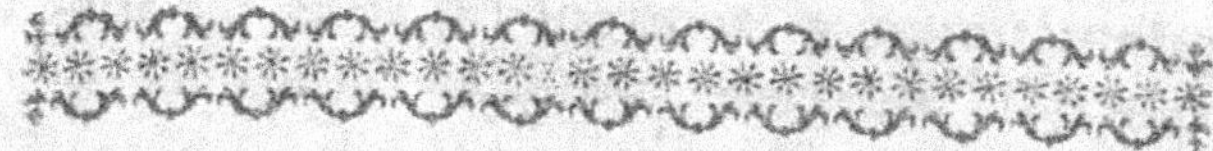

LIVRE PREMIER.

CHAPITRE XXIII.
LE DROIT CRIMINEL.

§. I.

L'ASSEMBLAGE des Lois, Statuts, Us & Coutumes qui concernent les crimes & les forfaits, forme ce qu'on nomme *le Droit criminel* ; l'art d'interpréter ces Lois, & de les appliquer aux actions coupables des humains, à mesure que les cas se présentent dans la société, est ce qu'on appelle *la Jurisprudence criminelle*. L'homme peut être attaqué & lésé par d'autres hommes en trois manieres, ou en ses *biens*, & c'est contre cette espece de lésion que le défendent les Lois civiles ; ou en son *honneur*, & les Lois contre les injures le garantissent contre cette insulte ; ou en sa *vie* & sa santé, & ce sont les Lois criminelles qui le mettent à couvert de cette attaque, & qui en même temps s'étendent fur tous les for-faits qui peuvent troubler l'état & la tranquillité publique.

§. II. Si les hommes étoient des êtres fans paffions déréglées, fi nous vivions dans une République Platonicienne, il ne feroit pas befoin de Lois criminelles. Mais, telles que font les chofes, il n'y a que la rigueur des châtimens qui garan-tiffe les bons Citoyens de la malice & de la violence des méchans. Ce n'eft pas ici le lieu d'examiner, fi les châtimens les plus rigoureux, fur-tout la peine de mort, & d'une mort violente & dou-loureufe font fondés fur le droit naturel, primitif & rigide, fi un homme a pu céder ou tranfporter à un autre homme, qu'on appelle Souverain, Juge ou Ma-giftrat, le droit de le mettre à mort, droit qu'il ne poffédoit pas fur lui-même; il fuffit de confidérer, 1°. que le bien de la fociété & la fureté publique exigent ces fortes de punitions féveres des cri-mes atroces; 2°. que tout Citoyen con-noît les peines prefcrites par les Lois, & qu'il ne dépend que de lui de les éviter; 3°. qu'en entrant dans la fociété & fe faifant membre de l'Etat il a foufcrit, ou expreffément, ou tacitement, aux Lois qui y fubfiftent; 4°. que la plupart des punitions criminelles font prefcrites

par les Lois divines ; 5°. qu'elles font
reçues par le confentement prefque una-
nime des Nations policées ; & 6°. que
les hommes s'en font très-bien trouvés
pour le maintien de la fociété en général
depuis que nous connoiffons le monde.

§. III. On ne peut cependant s'empêcher de faire une feule remarque effentielle à ce fujet, que les châtimens trop
rigoureux marquent toujours un gouvernement violent ; qu'on ne doit jamais
exercer une cruauté fans mefure contre
un coupable ; qu'il eft affreux d'inventer
des fupplices nouveaux & barbares qui
révoltent l'humanité ; qu'aucun Juge n'eft
en droit de condamner un criminel à des
peines nouvelles & qui ne font pas exactement prefcrites par les Lois, ni de dou-
bler ou tripler les châtimens ufités pour
un feul & même crime ; & qu'enfin l'interprétation & l'application des Lois doit
toujours pencher un peu en faveur du
malheureux criminel, & le favorifer en
quelque maniere ; puifqu'il vaut mieux
laiffer dix coupables impunis que de faire
périr un innocent, & que ce feroit une
vengeance baffe, lâche, indigne des Lois
& du Souverain de faire fouffrir des douleurs infupportables à un infortuné qui
a commis un crime ; en le puniffant de
mort, on voudroit pouvoir lui éviter,

s'il étoit possible, jusqu'à la moindre dou-
leur ; mais il faut que l'exemple de son
supplice & l'appareil dont il est accompagné effrayent les méchans, & Luther
a très-bien dit, *s'il n'y avoit point de
châtiment dans la société, nul honnête
homme n'oseroit mettre sa tête à la fenêtre
sans danger.*

§. IV. Les Lois dans tous les pays &
dans tous les âges n'ont pas ordonné les
mêmes peines pour les mêmes actions
criminelles. Le vol par exemple n'étoit
pas puni de mort chez les Hébreux, selon
la Loi de Moïse ; un adultere au contraire
étoit lapidé. En France un voleur domes-
tique est pendu pour une bagatelle, &
un adultere en est quitte tout au plus pour
une réprimande que lui fait un confesseur
nasillant, qu'il méprise. La raison en est
toute simple. Les Juifs ont été de tout
temps un peuple adonné au larcin & à la
fraude : leurs Lois ne sont pas séveres contre ces forfaits favoris ; les François forment
une nation galante qui croit qu'il n'y a pas
d'éternelles amours, & que le lien con-
jugal pour la vie est un engagement plus
fort que l'humanité ne sauroit le compor-
ter. Les Lois Saxonnes condamnent un
adultere à être décapité. Cette Loi absurde n'a pas été révoquée, & les Juges
sont obligés de prononcer selon la lettre

de la Loi. Lorſqu'aujourd'hui le cas ſe
préſente (& l'humaine ſoibleſſe fait qu'il
arrive fréquemment) les Tribunaux ont
très-grand ſoin de préſenter leur ſentence
à la ſignature du Souverain dans des mo-
mens de bonne humeur , & d'y ajouter
des lettres de grace , pour prévenir la
honte qu'une Loi auſſi ridicule ne ſoit
jamais miſe en exécution.

§. V. De toutes ces réflexions on ne
prétend tirer ici qu'une ſeule conſéquence , c'eſt que les Lois criminelles ne ſauroient prendre leur ſource dans la Loi naturelle la plus abſtraite. Leur premier
principe gît tout au plus dans celui de la
ſociété ; le ſecond dans les mœurs de
chaque peuple ; le troiſieme dans la ſituation politique de chaque nation & dans
les intérêts qui en réſultent ; le quatrieme
dans la volonté du Souverain ; le cinquieme dans un long uſage ; & le ſixie-
me dans les Lois de Moïſe que les Légiſlateurs modernes nomment divines , &
que cependant ils ne ſuivent qu'autant
que bon leur ſemble.

§. VI. Quiconque veut donc s'appliquer à la Juriſprudence criminelle , doit
commencer par l'étude des Lois criminelles qui ſubſiſtent dans le pays où il
a deſſein d'établir ſon domicile. Mais
comme ces Lois ſont en partie originaires

du pays, & en partie adoptées des nations étrangeres, il faut auparavant se former un bon syſtême sur la théorie générale du droit criminel, & c'eſt sur quoi l'on se propoſe de donner ici quelques éclairciſſemens.

§. VII. Bien que nous ayons dit qu'il faille s'inſtruire des lois criminelles qui ont été en uſage chez les peuples anciens, & de celles qui subſiſtent chez d'autres nations modernes, il ne faut pas croire cependant que ces lois ſoient infaillibles ou applicables par tout. Il faut ici, beaucoup plus encore qu'avec les lois civiles, porter la plus grande attention au temps, aux lieux, à la forme du gouvernement, aux mœurs & aux intérêts du peuple pour lequel chaque loi a été faite. La rigueur des lois romaines contre les eſclaves eſt exceſſive, elle ſeroit déplacée chez les nations policées de l'Europe moderne. En France, en Angleterre & ailleurs, un affront, un blâme, une réprimande fait plus d'impreſſion ſur les eſprits, & produit autant d'effet contre la multiplication des crimes, que la roue & les ſupplices les plus cruels dans les Gouvernemens deſpotiques & arbitraires. Il eſt donc néceſſaire pour connoître le vrai ſens & l'eſprit d'une loi criminelle, pour en faire

l'interprétation & l'application, de bien
entendre *la langue* dans laquelle elle est
écrite, de posséder une bonne *logique*,
d'accoutumer son esprit à penser *philo-
sophiquement*, d'avoir les connoissances
philologiques nécessaires, d'être au fait
de *l'art étymologique*, & *critique*, de
l'histoire du Droit, des *antiquités*, des
coutumes reçues chez divers peuples, &
même de n'être pas tout-à-fait ignorant
dans l'art de la *Médecine*, ni dans la
Théologie, pour pouvoir résoudre diverses questions difficiles, & savoir appliquer justement les lois aux cas qui se
présentent, & qui y sont relatifs.

§. VIII. On n'attendra pas de nous
que dans un Ouvrage que nous tâchons
de rendre aussi universel qu'il est possible, nous indiquions les lois criminelles
qui sont reçues dans chaque pays, & encore moins que nous en fassions l'analyse. C'est l'ouvrage de l'étude même du
droit criminel. Nous nous bornerons à
citer ici, comme un exemple, la seule
*Constitution criminelle de l'Empereur
Charles-quint*, ébauchée par l'Empereur
Maximilien, proposée aux Etats de l'Empire assemblés à Worms en l'année 1521.
mise de nouveau en délibération, rédigée & augmentée à la Diete de Spire en
1529. & enfin publiée en forme de loi

en l'année 1532. Cette Constitution criminelle, qu'on nomme *Constitutio Ca-*
rolina, est le fondement & la base de
toutes les lois criminelles de l'Allemagne,
quoique divers Princes de l'Empire, en
vertu de leur droit de Souveraineté territoriale, y aient fait de grands changemens dans leurs Etats respectifs. Nous
en avons une édition correcte & un très-
bon commentaire latin, par les soins du
Conseiller & Professeur Kresse de Han-
novre ; & elle est non seulement indispensable aux Jurisconsultes Allemands,
mais elle peut aussi servir de guide à ceux
des autres nations, qui y trouveront des
principes solides & féconds pour la justice
criminelle en général.

§. IX. Lorsqu'on a acquis la connoissance des lois criminelles, il faut se former un bon système des délits, crimes
& forfaits même sur lesquels portent ces
lois. Les principaux sont, 1. le vol, soit
avec soit sans fraction, le larcin, &c.
2. le sacrilege ; 3. la rapine ou le vol fait
en violant la sureté publique ; 4. le vol
d'hommes que les Latins nomment *Pla-*
gium ; 5. le vol des bêtes, soit animaux
domestiques, comme chevaux, soit bêtes
fauves & gibier ; 6. les délits charnels en
général ; 7. la fornication ; 8. le concu-
binage ; 9. l'adultere ; 10. la bigamie &

la poligamie ; 11. le viol ; 12. le rapt ;
13. la sodomie ; 14. l'inceste ; 15. le ma-
querellage ; 16. les injures réelles, verbales ou écrites ; 17. le blasphême ; 18.
les libelles diffamatoires ; 19. le duel ;
20. l'homicide & le meurtre, soit invo-
lontaire, soit prémédité, soit à dessein
de piller & de voler, ou sans ce dessein ; 21. le guet-à-pens ; 22. l'assassinat ;
23. le parricide ; 24. le régicide ; 25. l'ex-
position des enfans ; 26. l'avortement
procuré ; 27. la stérilité occasionnée ;
28. l'empoisonnement ; 29. le suicide, la
mutilation & les violences exercées sur
son propre corps ; 30. l'incendie ; 31. la
magie ; 32. la falsification en général ;
33. le faux monnoyage ; 34. le faux témoignage ; 35. le parjure ; 36. les filou-
teries de toute espece ; 37. le changement
frauduleux des bornes & limites ; 38. les
banqueroutes frauduleuses ; 39. la pré-
varication ; 40. le crime de lese-majesté,
au premier & second chef ; 41. la par-
duellion, ou l'attentat contre la sureté du
Souverain & de l'Etat ; 42. la sédition
& l'émeute ; 43. les voies de fait ; 44. la
violation de la paix & de la tranquillité
publique ; 45. la violation du caractere
sacré que les lois attribuent à de certaines
personnes & à de certains lieux ; 46. le
délit de favoriser la désertion des gens de

guerre, ou l'évasion des prisonniers ; 47.
la fraude de douanes ; 48. l'infidélité des
Ministres & des personnes employées
au service de l'Etat ; 49. les crimes contre la discipline militaire ; 50. les crimes
contre les ordonnances de la marine, &
une infinité d'autres qui sont compris dans
ceux que nous venons d'indiquer.

§. X. Après qu'on s'est formé une juste
idée de la nature de tous ces forfaits, des
qualités qui constituent leur essence &
des vrais caracteres qui les distinguent,
on passe à l'examen des peines, châtimens & supplices que les divers Législateurs de tous les âges & de tous les peuples ont ordonnés pour leur punition. On
divise ces peines en *capitales* & *non capitales*, en *corporelles* & *flétrissantes*, en
celles qui privent le coupable de sa *liberté*
& en *pécuniaires*. L'adoucissement général des mœurs en Europe a rendu à l'humanité une partie de ses droits, & nos
lois rejettent plusieurs supplices barbares
usités chez les Anciens, comme la lapi-
dation, la crucifixion, le poison, la con-
damnation aux bêtes féroces, *ad bestias*,
& plusieurs horreurs semblables. On croit
avec raison que comme il n'est pas trop
bien décidé que le Souverain ait sur un
sujet coupable le droit de mort, il l'est
bien moins encore que ce droit s'étende

jusqu'à faire souffrir à ce coupable des douleurs aigues, révoltantes, inhumaines, quand même ce seroit pour l'exemple. Tout ce qui lui est permis, c'est d'accompagner le supplice d'un appareil extérieur triste, lugubre & capable de faire des impressions vives & fortes sur le peuple. On trouve l'énumération des supplices & châtimens autorisés par les lois dans tous les Codes des lois criminelles de chaque Nation. On nous permettra de détourner les yeux de ces objets dégoûtans, & de n'en point infecter cet ouvrage.

§. XI. Toutes les fois qu'il s'agit de la vie, ou ce qui peut-être est plus précieux que la vie, de l'honneur & de la liberté d'un citoyen, le Juge ne sauroit user de trop de circonspection. Quand même donc un crime est bien constaté, on doit encore en examiner toutes les circonstances. Chacune de ces circonstances aggrave ou allege le délit & augmente ou diminue par conséquent le châtiment. La même raison veut aussi que le procès criminel contre un coupable se fasse dans toutes les regles prescrites par les lois, par devant un Juge compétent, avec toutes les formalités requises & les précautions humainement possibles, & c'est ce qui nous engage à dire encore ici

quelques mots sur les procédures criminelles.

§. XII. La Jurisprudence criminelle
fournit les regles & les instructions nécessaires sur les objets suivans ; savoir,
1. la Jurisdiction criminelle en général ;
2. les Tribunaux criminels en particulier ;
3. les Juges, Officiers, Fiscaux, Défen-
seurs, Actuaires, &c. 4. le for compétent ; 5. le procès accusatoire ; 6. le procès inquisitoire ; 7. la saisie du corps du
délit & de l'auteur du délit ; 8. les indices ; 9. l'emprisonnement des malfaiteurs,
& les poursuites à faire contre eux s'ils
se sont échappés ; 10. la nature de leur
prison, les moyens de l'éviter ou de l'a-
doucir ; 11. l'examen des coupables ;
12. les articles de l'inquisition & les réponses de l'accusé ; 13. la confession de
l'accusé ; 14. les preuves du crime, soit
par des indices, soit par des instrumens,
soit par des témoins ; 15. la confronta-
tion ; 16. la défense de l'accusé ; 17. les
différentes manieres par lesquelles un accusé peut se purger du crime qui lui est
imputé ; 18. les différens genres de tor-
tures pour découvrir la vérité ; 19. l'horreur de la question, ses différens degrés
& sa territion ; 20. la maniere de se purger par serment d'un forfait imputé ; 21.
la sentence & la maniere de la dresser ;

22. la publication de la sentence ; 23.
les effets de la sentence ; 24. le banniſſe-
ment , ſes formalités & ſes effets ; 25.
l'exécution de la sentence & les ſolen-
nités ou l'appareil dont elle eſt accompagnée ; 26. le procès criminel qu'on
intente contre des abſens ; 27. le ſauf-
conduit ; 28. la citation édictale ; 29. les
jugemens criminels des militaires ; 30. la
preſcription des crimes ; 31. l'abolition
des délits & les autres manieres dont le
procès criminel eſt ou ſuſpendu ou levé ;
32. les frais du procès criminel , & divers
autres objets ſemblables.

§. XIII. Ceux qui ſe feront ſolidement
inſtruits de tous ces points , peuvent dire
qu'ils poſſedent une bonne théorie du
droit criminel. Si le Ciel les a doués d'un
diſcernement juſte & d'un *jugement ſain* ,
ils excelleront dans la pratique. Il ne me
reſte qu'un ſeul conſeil à donner à tous
ceux que la Providence appelle à cette
importante & pénible fonction , c'eſt
d'uſer avec toute la modération imagi-
nable & toute la retenue poſſible contre un accuſé , des tourmens en général
& de la queſtion en particulier ; de ſe
bien perſuader que c'eſt un ancien préjugé , une ſottiſe trop accréditée , qu'il
faille qu'un coupable ſoit non ſeulement
convaincu , (*convictus*) mais auſſi (*con-*

feſſus ,) condamné ſur ſon propre aveu. Cet aveu eſt égal à zéro. S'il eſt bien convaincu par de bonnes & ſolides preuves , cette conviction ſuffit ; ſi la conviction n'eſt pas claire , évidente , ſans ſcrupule , ſans équivoque , le propre aveu ne fournit pas la moindre preuve de plus , vu qu'en ce cas il dépendroit de chaque accuſé de prolonger ſa vie , ſur-tout s'il a le tempérament aſſez fort pour ſupporter les douleurs , comme l'ont ordinairement les ſcélérats aguerris , ou de ſe faire donner la mort en faiſant commettre au Souverain une injuſtice criante. En un mot le témoignage d'un homme *in propria cauſa* ne dit rien , ne fournit pas une demi-preuve , & la nature ſe révolte au ſimple aſpect de la queſtion. L'infame Damien diſoit en expirant dans les tourmens les plus inouis , *vous oubliez que vous êtes des hommes*. Le plus criminel de tous les hommes donnoit une leçou de juſtice ; & lors de l'aſſaſſinat du Roi Henri IV. toute la nation étoit ſi indignée contre Ravaillac , que le corps des bouchers s'offrit de l'écorcher vif , de lui enlever ſubtilement l'épiderme , & de l'expoſer enſuite aux mouches & aux abeilles ; mais le Parlement décréta que ce ſeroit dégrader l'humanité que d'inventer un ſupplice pareil.

§. XIV. Finiſſons cette matiere ſi importante pour le genre humain par un
morceau tiré du Traité ſur la Tolérance,
de M. de Voltaire. Il dit, qu'il ſeme un
grain qui pourra un jour produire une
moiſſon. Travaillons ici à la multiplication de cette graine précieuſe. Voici ſes
paroles : « Quelques autres Tribunaux
» ont une Juriſprudence ſinguliere ; ils
» admettent des quarts, des tiers, des
» ſixiemes de preuve. Ainſi avec ſix ouï-
» dire d'un côté, trois de l'autre, &
» quatre quarts de préſomption, ils for-
» ment trois preuves complettes ; & ſur
» cette belle démonſtration ils vous
» rouent un homme ſans miſéricorde.
» Une légere connoiſſance de l'art de
» raiſonner, ſuffiroit pour leur faire pren-
» dre une autre méthode. Ce qu'on ap-
» pelle une demi - preuve ne peut être
» qu'un ſoupçon : il n'y a point à la ri-
» gueur de demi-preuve ; ou une choſe
» eſt prouvée, ou elle ne l'eſt pas ; il
» n'y a point de milieu. Cent mille ſoup-
» çons réunis ne peuvent pas plus éta-
» blir une preuve, que cent mille zéros
» ne peuvent compoſer un nombre. Il y
» a des quarts de tons dans la muſique,
» encore ne peut-on les exécuter ; mais
» il n'y a ni quart de vérité, ni quart de
» raiſonnement. Deux témoins qui ſou-

» tiennent leur dépofition font cenfés
» faire une preuve, mais ce n'eft point
» affez ; il faut que ces deux témoins
» foient fans paffion, fans préjugés, &
» fur-tout que ce qu'ils difent ne choque
» point la raifon.... Il n'y a d'autre re-
» mede à une telle Jurifprudence, finon
» que ceux qui achetent le droit de ju-
» ger les hommes, ou qui ont le front
» de fe préfenter pour l'obtenir du Sou-
» verain à titre de gratification, faffent
» dorénavant de meilleures études. »

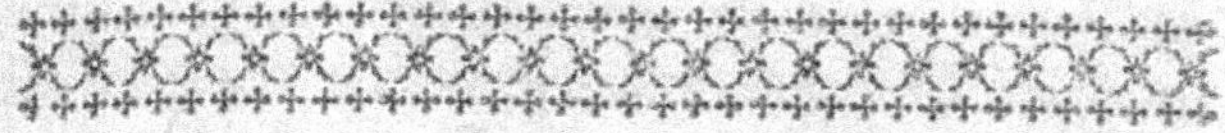

LIVRE PREMIER.

CHAPITRE XXIV.

De quelques Parties de la Jurisprudence générale, & 1°. du Droit civil particulier des principaux Etats de l'Europe. 2°. Du Droit des Nations conquérantes dans leurs Colonies. 3°. Du Droit coutumier, & des Lois municipales des Villes. 4°. De la forme des Procès. 5° Des Procès par devant les Tribunaux de l'Empire Germain.

§. I.

NOus combinerons dans ce Chapitre quelques parties de la Jurisprudence, qui n'ont que peu de rapport entre elles, parties sur lesquelles aussi nous ne croyons pas devoir nous étendre beaucoup, parce qu'il ne faut, ce semble, que les indiquer pour en découvrir du premier coup d'œil tous les reſſorts, ſans qu'il ſoit beſoin d'entrer dans de grands détails pour en faire l'analyſe.

§. II. 1°. Il n'eſt aucun Peuple dans l'Univers qui n'ait ſes lois nationales. Les ſauvages les moins humaniſés ont au moins un droit coutumier, & même une eſpece de droit des gens qu'ils obſervent. La *Statiſtique* (*), ou la ſcience qui apprend à connoître le ſyſtême politique des différens Etats du monde, nous enſeigne quelles ſont les lois particulieres de chaque pays, & le Juriſconſulte peut y puiſer les inſtructions néceſſaires au beſoin. Nous avons déjà dit en plus d'un endroit, ce qu'il doit faire lorſqu'il veut établir ſon domicile en quelque endroit. Toute la ſcience théorétique d'un Juriſconſulte ſeroit purement ſpéculative & frivole, s'il ne s'appliquoit à connoître les lois nationales & municipales & le droit particulier du pays qu'il habite.

§. III. La plupart des grandes nations de l'Europe poſſedent encore des pays conquis & y ont des colonies. Ces colonies ſont des tranſports d'habitans de tout

____

(*) Nous en donnons l'analyſe au chap. XIII. du Livre III. de cet Ouvrage.

sexe & de toutes conditions dans des terres, ou nouvellement conquises, ou nouvellement découvertes, pour s'y établir, les défricher & les cultiver. On peut les envisager sous trois points de vue différens. Les unes qui servent à décharger d'habitans un pays où le peuple semble s'être trop multiplié, & dans lequel il ne peut plus subsister commodément ; les autres que les peuples & les Princes victorieux ont coutume d'établir au milieu des nations vaincues pour les tenir en respect & les mieux assujettir ; & les troisiemes qu'on peut appeller des colonies de commerce, parce que le négoce en est l'unique objet. Depuis qu'on s'est apperçu en Europe qu'un pays ne peut guere être trop peuplé, & depuis que par les progrès salutaires du luxe les mains de tous les hommes, qui autrefois sembloient être superflues, sont employées très-utilement ; depuis l'introduction des armées constamment soudoyées & tenues sur pied, les peuples vaincus sont assujettis par les garnisons & les troupes réglées : on ne connoît donc plus de colonies que celles de commerce que les nations européennes entretiennent dans les trois autres Parties du monde. M. Melon dans son Essai, Chap. IV. les distingue en deux sortes ; l'une où la nation n'établit des forteresses & des comptoirs que pour s'assurer un commerce avec les nations voisines sans vouloir les assujettir; l'autre où la nation en assujettit une autre, & fournit à la repeupler.

§. IV. Il est très-naturel que toutes ces diverses colonies doivent avoir leurs lois particulieres, sur lesquelles elles sont gouvernées. On trouve ces lois non seulement dans les Codes particuliers que les nations en ont faits, mais aussi par voie d'extrait dans *le Dictionnaire universel de Commerce de Savary*, dans *le parfait Négociant*, & dans les autres Ouvrages de cet homme habile & laborieux. *Le Code noir* étant non seulement très-célebre, mais fournissant aussi l'idée d'une espece nouvelle de colonie & peuplade, nous en ferons ici une courte analyse pour donner simplement à nos Lecteurs une légere idée de cette sorte de Législation, & du droit qui en résulte. Ce Code noir est une Ordonnance de Louis XIV. du mois de Mars 1685. touchant le gouvernement, l'administration de la Justice & de la Police des Isles Françoises de l'Amérique, comme aussi pour la discipline & le commerce des Negres & esclaves de ces pays. Il fut publié à S. Domingue le 6 Mai 1687. La traite des Negres fait le principal objet du négoce que

les Anglois, les François, & quelques
autres nations d'Europe font fur les côtes
d'Afrique, & c'eft pour ce commerce
que fe font formées les Compagnies de
l'Affiento, de Guinée, de Sénégal, du
Sud, des Grilli à Genes, &c. Ces Negres, efclaves infortunés, & affujettis in-
juftement fous un joug rigoureux, fe
tranfportent des côtes d'Afrique aux Ifles
& dans le continent de l'Amérique, où
ils font la plus grande richeffe; la culture du tabac, du fucre, du caffé, de
l'indigo, & de tant d'autres riches productions, ne pouvant pas plus fe paffer
de l'induftrie, de la force & de la patience de ces peuples, que l'exploitation
des mines mêmes. Chaque nation commerçante a donc fait des lois & des ordonnances particulieres pour leurs colonies refpectives, les unes plus ou moins
fages, plus ou moins rigoureufes que les
autres.

§. V. Le Code noir eft une ordonn-
nance particuliere pour les Ifles Fran-
çoifes de l'Amérique, qui font une partie des Antilles. Il eft rédigé en LX. articles, qu'on peut divifer en VII. titres.
Le premier titre, contenant 14. articles,
concerne les matieres de la Religion, &
l'état des enfans nés de pere ou de mere,
l'un efclave & l'autre libre. Le fecond,

en 7. articles, traite du droit public,
particuliérement du port-d'armes & des
affemblées des efclaves, de la défenfe
qui leur eft faite de vendre des cannes
de fucre, même avec permiffion de leurs
maîtres, & d'autres fruits & denrées fans
leur permiffion. Le troifieme, en 6. articles, parle du devoir des maîtres envers leurs efclaves, & de ce qu'ils font
obligés de leur fournir. Le quatrieme,
qui ne contient que 4. articles, détermine
la capacité d'acquérir qu'ont les efclaves
& au profit de qui; de leur pécule & tra-
fic, & de leur incapacité de tefter, ni
hériter, non plus que de poffeder aucune
charge, ni d'être admis en juftice en qualité de témoins. Le cinquieme, en 12.
articles, regarde les pourfuites criminelles contre les efclaves, & les peines
qu'encourent les maîtres lorfqu'ils les
tuent. Le fixieme, en 11. articles, regle
la qualité que doivent avoir les efclaves
parmi les effets de ceux à qui ils appartiennent, où ils ne font regardés que
comme meubles. On y traite auffi de la
vente, des achats & faifies réelles des
fucreries, indigoteries, plantations & ha-
bitations où travaillent les negres; des
retraits lignagers & féodaux, & des gar-
des nobles & bourgeoifes par rapport
aux efclaves. Enfin le VIIme. & dernier
titre

titre en 5 articles , parle de la manumis-
sion des esclaves , de leurs droits comme
affranchis , & du respect qu'ils doivent
à leurs anciens maîtres. Le 60me. & dernier article qu'on pourroit regarder comme un VIIIme. titre, est de la destination
des amendes & confiscations qui n'ont
été statuées par aucun article des autres
titres. Il y a encore d'autres ordonnances
& édits pour les autres Colonies Françoises en Asie , Afrique & Amérique ,
comme l'Edit du mois de Mars 1724. qui
regle l'administration de la justice, police, discipline , & le commerce des esclaves negres dans la province de la Loui-
siane.

§. VI. Nous observerons simplement
sur tout cela , 1°. que les lois dans toutes
ces colonies doivent presque nécessairement pencher un peu vers la rigueur ,
parce que les naturels d'un pays subju-
gué , & les esclaves qu'on y transporte
sont en si grand nombre , si formidables ,
& connoissent si bien le pays , ses ave-
nues , ses retraits & asyles en comparaison du petit nombre de leurs maîtres Européens qui s'y sont établis, que ces derniers courroient risque à tout moment
d'être exterminés ou chassés par leurs esclaves, si les lois ne les protégeoient , &
ne retenoient ces derniers dans le plus

Tome I.   L

sévere assujettissement: 2°. que non seulement ceux qui exercent la Justice &
les Gens de Loi qui font le métier d'Avocats dans les colonies , doivent être parfaitement instruits de ces lois , mais aussi
les Jurisconsultes d'Europe , qui vivent
chez les nations d'où dépendent ces mêmes colonies , vu que les procès évo-
qués à la capitale , & tous ceux qui naissent sur des objets de commerce relatifs
aux colonies , dépendent de ces lois , &
sont jugés tantôt sur l'analogie , & tantôt
sur la lettre de ce droit.

§. VII. Nous avons déjà remarqué en
plus d'un endroit qu'indépendamment du
droit écrit , plusieurs pays ou provinces
sont gouvernés par la coutume ou le droit
coutumier , & nous développerons ici
briévement nos idées sur cet objet. On
entend dans le sens juridique par le mot
de COUTUME *le droit particulier ou mu-
nicipal établi par l'usage en certaines provinces , qui a force de loi depuis qu'il a été
rédigé par écrit.* Ce droit est sur-tout fort
commun en France , mais la diversité des
coutumes est aussi très - grande dans ce
Royaume , & les Auteurs sont peu d'accord sur leurs origines particulieres. Ce
qu'il y a de certain , c'est que la premiere
rédaction des coutumes de France par autorité publique fut faite sous Charles VI.

au rapport de M. Rouillard ; la seconde
en conséquence de l'ordonnance de Charles VII. donnée en 1453. au Montil-lès-
Tours ; & en l'année 1577. les Etats assemblés à Blois demanderent la réformation
des coutumes, & l'obtinrent en 1583. pour
la coutume de Normandie. M. Bruneau a
donné une table chronologique des coutumes, & il marque en quelle année chaque coutume a été rédigée. Bartole dit
que les coutumes ont été introduites pour
ajouter ou pour déroger au droit commun. Aujourd'hui les coutumes générales
de France sont comprises en quatre gros
volumes, & par toutes ces rédactions
différentes ce qui d'abord n'étoit qu'us
ou usage, est devenu enfin loi écrite fondée sur l'ancienneté.

§. VIII. La coutume en général est une
répétition fréquente d'actions homogenes
ou semblables, & dans le droit c'est une
répétition pendant une longue suite d'années de décisions uniformes & tirées d'un
même principe pour des cas semblables.
Ce n'est pas en France seul que la coutume subsiste encore, elle est en vigueur
dans plusieurs tribunaux de justice chez
la plupart des autres nations policées
de l'Europe, & plus encore chez celles
qui ne le sont pas entiérement. En voyant
tant de peuples respectables suivre le

droit coutumier, on feroit tenté de croire que leurs Souverains n'ont pas le loifir de faire des lois précifes & écrites pour les fujets qu'ils gouvernent. Quoi qu'il en foit, il eft clair que le Jurifconfulte doit s'informer & de la coutume qui eft écrite & de celle qui ne l'eft pas, mais qui fubfifte par le fimple ufage, & qui fouvent prend force de loi ; mais il eft clair auffi qu'on ne fauroit lui donner des regles pour s'en inftruire, ni lui fournir une analyfe de ce qui n'eft que coutume.

§. IX. A ce que nous difons ailleurs dans ce Livre, & fur-tout au Chapitre de la Pratique du Droit, §. VII. & fuivans, fur *la forme des procès*, nous ajouterons fimplement ici qu'on entend par-là de *certaines regles établies par les ordonnances pour faire les procédures de juftice.* Comme ces regles varient non feulement dans tous les pays, mais auffi dans divers tribunaux d'un même pays, il eft impoffible d'établir des maximes univerfelles pour guider le Jurifconfulte dans ce chemin tortueux. Il étoit néceffaire d'établir quelques regles pour mettre de l'ordre & de l'uniformité dans la marche des procès ; il étoit néceffaire de garantir par ces réglemens les Juges de toute furprife de la part des parties ou de leurs Avocats; il étoit néceffaire de mettre un frein à l'impatience des plaideurs , & de donner au contraire un aiguillon à leur indolence ou à la négligence de leurs Avocats ; il falloit donc des ordonnances pour les procédures de justice : mais que ce soit une regle de Droit que *la forme emporte le fond*, qu'un homme de probité perde une cause évidemment juste, parce que lui ou son Avocat auront manqué à de certaines formalités , ce sont des maximes qui font horreur, qui révoltent autant le bon sens que l'équité naturelle , & qui sont très-funestes au bien de la société générale.

§. X. Les longueurs , les formalités & les frais des procès par-devant les Tribunaux de l'Empire germanique (la Chambre Impériale de Wetzlar & le Conseil aulique de Vienne) sont sur-tout insoutenables. Comme il n'y a que des causes très-importantes qui y soient évoquées ou portées par voie d'appel en dernier ressort , le mal qui en résulte à la patrie n'est pas du moins si grand ni si général. La forme ou les regles pour les procédures de ces deux Tribunaux supérieurs sont prescrites par des Ordonnances de l'Empire ou des Empereurs. Celle qui concerne la chambre de Wetzlar est connue en Allemagne sous le titre latin d'*Ordinatio Cameralis*. Nous en avons une bonne édition avec un Commentaire utile par les soins de *Jules Magenhorst*. Le projet de cette ordonnance de la Chambre Impériale de l'année 1613. a été également publié par *Jacob Blume*, & le même Auteur a donné en 1666. un recueil de ses décisions ordinaires. On peut aussi consulter avec fruit sur cette matiere le dernier recez de l'Empire de l'année 1654. avec le Commentaire de Textor. Enfin Gailius, Mynsinger, Wurmser, Hartmann, Mauritius & plusieurs autres ont fait des dissertations savantes *de Judicio Camerali*, qui méritent d'être lues.

§. XI. L'Ordonnance qui guide le Conseil aulique pour la forme des procès est célebre parmi les Jurisconsultes Allemands sous le titre d'*Ordinatio judicii aulici*. Elle est émanée de l'Empereur Ferdinand III. en l'année 1654. *Gailius* dans ses observations, *Mauritius* dans ses dissertations *de Cæsareæ Majestatis & Imperii judicio aulico*, & *Sprenger* dans son *Ellychnium* ont expliqué cette constitution & l'ont éclaircie par des notes & des commentaires. Plusieurs Pro-

fesseurs dans les Univerſités Allemandes
enſeignent particuliérement *la maniere de
conduire un procès par-devant les Tribunaux du St. Empire*, & l'on ne peut
s'empêcher de conſeiller aux étudians qui
veulent fixer leur ſéjour en Allemagne,
d'en faire un cours complet.

LIVRE PREMIER.

CHAPITRE XXV.

1°. *De la pratique du Droit, &*
2°. *De la Jurisprudence consul-*
tatoire & judicatoire.

§. I.

TROIS sortes de vocations, différentes les unes des autres, attendent
l'éleve de Thémis au bout de sa carriere
studieuse. Il est appellé ou à enseigner
le Droit dans une chaire de *Professeur*,
ou à plaider par-devant des Tribunaux
en qualité d'*Avocat*, ou à juger les causes
civiles & criminelles comme *Magistrat*.
Chacun de ces Etats demande une PRA-
TIQUE particuliere, fondées toutes sur
la même théorie générale du droit, dont
on suppose le Jurisconsulte bien muni
avant que d'embrasser une de ses fonctions dans la société.

§. II. Le Professeur doit faire un choix
judicieux des matieres qu'il veut enseigner, & ne traiter que celles dont il a
fait une étude profonde. Comme il y a
aux Universités bien réglées divers Professeurs pour chaque discipline ; & qu'il
est avantageux que l'étudiant puisse y
faire un cours complet de toutes les parties du Droit, ou du moins des plus
essentielles, les Professeurs doivent convenir entre eux des matieres que chacun
d'eux veut traiter, afin qu'il en résulte
un système entier. Tout homme érudit
qui enseigne les sciences à d'autres doit
aussi s'accoutumer à une bonne méthode
de les proposer. Il faut qu'il s'imprime
bien que l'étudiant ne fréquente l'Université que pour y apprendre les fondemens & les principes des sciences ; que
ses propres lectures, ses études particulieres & ses réflexions doivent faire le
reste ; qu'il est donc essentiel de s'appliquer à un style nerveux & concis, &
à une maniere de proposer claire, simple, dégagée de toutes les réflexions inutiles, pédantesques, & quelquefois aussi
plates que savantes. L'inutile, le frivole
ne doit jamais tenir la place de l'essentiel & du nécessaire. Il faut de toute nécessité que le cours d'une science quelconque soit achevé dans l'année , quelque

L v

compliquée qu'elle puiſſe être. Il en eſt d'un cours de ſcience long & prolixe comme d'un long ſermon & de tout autre diſcours. Il n'en reſte jamais la moindre trace dans la mémoire, & tout homme qui parle en public n'eſt long que parce qu'il n'a pas le temps ou l'art d'être court, c'eſt-à-dire de concentrer ſes idées.

§. III. C'eſt l'uſage en Allemagne, & un uſage très-raiſonnable, d'envoyer à la Faculté juridique de quelque Univerſité célebre les pieces d'un procès captieux, difficile & embarraſſant. Cette Faculté examine les pieces, juge le cas en dernier reſſort, dicte la ſentence au nom du Souverain du lieu, & la lui renvoie pour la publier. Les Facultés de droit deviennent par-là des Tribunaux, & qui plus eſt des Tribunaux ſupérieurs, ſouvent même ſans appel. Ce Sénat eſt compoſé du Directeur & des Profeſſeurs ordinaires de la Faculté juridique. Chaque Membre devient Rapporteur & Juge à la fois, & en cette double qualité il a tous les devoirs à remplir que nous allons expliquer dans la ſuite de ce chapitre.

§. IV. Le but naturel & le devoir d'un bon Avocat eſt, 1°. d'expliquer à ceux qui ont quelque cas litigieux, qui veulent entamer un procès & qui viennent le conſulter à cet effet, la juſtice ou l'injuftice de leur caufe fur les regles du droit & de l'équité ; 2°. de leur indiquer la meilleure voie pour fe faire rendre juftice ; 3°. de leur enfeigner les moyens les plus efficaces pour obvier à toutes fortes de chicanes & d'artifices de la part de leurs adverfaires ; 4°. de leur épargner tous les frais de procès inutiles autant que poffible. Sous ce jufte point de vue, la pratique du Droit demande, 1°. une excellente théorie de la Jurifprudence & une grande intelligence des lois ; 2°. une connoiffance parfaite de ce qu'on nomme *la voie de la juftice*, ou de la maniere de conduire le procès ; 3°. la connoiffance des chicanes, artifices & pieges, par lefquels ou des Juges iniques, ou des Avocats artificieux de l'adverfe partie peuvent pervertir & corrompre le Droit, pour pouvoir y oppofer les précautions convenables, qu'on nomme *Cauteles* en termes du barreau ; enfin, 4°. une probité & une candeur à toute épreuve.

§. V. Loin d'ici donc ces ignorans, dont toute la fcience ne confifte qu'en babil ou en un jargon éblouiffant, qui ayant appris par cœur un certain nombre d'axiomes de droit & de fentences juridiques, (dont on a beaucoup de recueils imprimés,) les lancent autour d'eux comme des fusées, à tout propos & en toute occasion; qui à la faveur de ces billevesées se font passer pour habiles Jurisconsultes chez le vulgaire, surprennent la religion des plaideurs innocens, les induisent à des procès injustes, & ne connoissant ni le droit même, ni l'art de conduire un procès avec succès, entraînent leurs cliens dans un abyme de chicanes & de dépenses ruineuses ! Loin d'ici ces ames viles, ces fourbes adroits, qui sachant leur métier, font les mêmes maux à dessein prémédité & avec connoissance de cause, uniquement pour s'enrichir aux dépens des honnêtes gens! C'est du trop grand nombre de ces sortes de sangsues qu'on peut dire, *ils ne sement point, ils ne recueillent point, & le démon de la chicane les nourrit cependant.* Ils seroient citoyens utiles s'ils travailloient aux mines & aux carrieres : ce sont des pestes pour l'Etat en qualité d'Avocats.

§. VI. Les Avocats habiles étant trop occupés, ou croyant que les soins de défricher un procès sont au-dessous d'eux, abandonnent tout ce qu'on pourroit nommer le mécanisme du Droit & des causes juridiques aux *Procureurs* & aux *Notaires*. Ce sont ces especes d'Avocats inférieurs qui avec une légere teinture du

Droit & une grande connoissance de la Pratique, se chargent d'observer dans les procès toutes les formalités que les lois & les tribunaux exigent, de donner l'authenticité requise à toutes sortes d'instrumens, & la validité aux témoignages; de veiller que chaque piece du procès soit légale, ainsi que chaque acte de leur partie conforme à la regle du droit, & enfin que rien ne soit négligé pour la forme. Il y a en Allemagne une constitution de l'Empereur Maximilien I. pour les Notaires, que tout le monde connoît, & plusieurs livres qui traitent *de Notariis & de arte notariatûs.* Les fonctions des Procureurs y sont comprises & bien développées.

§. VII. Toutes ces fonctions des Notaires & des Procureurs doivent se faire néanmoins sous la régie & la direction de l'Avocat, qui par cette raison doit savoir à fond la pratique du Droit & la forme du procès usitée dans les pays où il exerce son emploi. Sur la théorie générale de cette forme & pratique il y a en Allemagne divers traités, comme celui de Schwedendorff, intitulé *Expositio summaria actionum forensium; Samuel Stryck de actionibus forensibus investigandis; Quirinus Schacher Collegium practicum; Benedicti Carpzovii Processus;*

Martini Commentarius ad ordinationem processûs, & son *Processus continuatus*, & un grand nombre d'autres ouvrages de cette nature. Le Jurisconsulte doit connoître, outre ces maximes généra-les, les constitutions particulieres de cha-que pays, ville & tribunal pour la forme des procès & les regles des plaidoyers. Aux Universités d'Allemagne on trouve aussi plus d'une occasion pour faire un cours complet sur la forme & l'ordonnance des procès civils, criminels, féo-daux, exécutifs, possessoires, provoca-toires, matrimoniaux, &c. ainsi que l'acquisition des livres qui peuvent servir de guide dans ces matieres, & instruire en général l'Avocat de tous ses devoirs, qui consistent, selon un vieux dicton du barreau, *in respondendo, agendo & cavendo.*

§. VIII. Nous en venons à la pratique du Droit qui concerne *le Juge* ou *Ma-gistrat.* La science, le jugement, la pro-bité & l'activité forment ces quatre vertus cardinales. Il seroit superflu de s'étendre sur les deux premieres ; il ne faut que les indiquer pour les faire connoître & en faire sentir la nécessité. A l'égard de la probité, on ne sauroit assez recom-mander aux Juges de la pousser aussi loin que possible, & jusqu'au scrupule. On doit les avertir encore d'être toujours en garde contre eux-mêmes, de croire que l'injustice se cache à tout moment sous le masque de la justice ; que le proverbe Latin, *summum jus, summa injuria*, se vérifie tous les jours ; que l'on voit souvent des sentences dictées par des Juges integres, qui sont très-justes selon la rigueur des lois, & très-injustes selon l'équité naturelle ; que l'on peut dire à l'égard des lois que *la lettre tue, mais que l'esprit vivifie*, & qu'une des plus grandes injustices du monde est, quand les Magistrats, dans la vue de prolonger les procès & d'augmenter les épices, asservissent les citoyens & les hommes utiles à la société par leurs travaux, à des formalités & à des précautions qu'on nomme juridiques dans leurs actions & leurs contrats civils, & qui fonciérement ne forment que des subtilités inutiles pour le fond du droit, & des chicanes très-nuisibles à l'Etat & aux particuliers par la vexation & la perte du temps qu'elles occasionnent à la partie laborieuse du genre humain.

§. IX. La Longueur des procès en fait le plus grand inconvénient. C'est un mal qui mine la prospérité des particuliers, & par conséquent celle de l'Etat en général. Mon pinceau ne me fournit

pas de couleurs affez fortes pour en pein-
dre tout le malheur. Toutes les lois doivent tendre à abréger la durée des liti-
ges : le Magiftrat par fon activité doit
faire le refte. C'eft un crime atroce de
laiffer les pieces d'un procès languir fur
le bureau , & l'indolence des Juges occa-
fionne fouvent des maux inexprimables
aux citoyens , tandis qu'ils l'envifagent
comme une bagatelle , & fouvent même
comme une petite pareffe du bel air.
On raconte qu'un Magiftrat en France,
homme d'ailleurs d'un grand mérite , mais
pareffeux , reçut un jour une réponfe qui
lui fit faire de falutaires réflexions. C'é-
toit M. de Pontac qui s'étoit rendu à fa
terre du même nom pour y paffer une
partie de la belle faifon. Un plaideur étoit
allé l'y trouver pour le folliciter de ter-
miner un procès dont il defiroit en vain
de voir la fin depuis plufieurs années. Il
arriva à Pontac au moment que M. le
Préfident étoit fur le point de monter
à cheval pour une partie de chaffe, &
ce Magiftrat , naturellement goguenard,
lui dit d'attendre jufqu'à fon retour , &
de s'amufer en attendant à déchiffer le
fens de quatre P. P. P. P. qu'il avoit fait
graver au-deffus de la porte du château ,
& qui fignifioient *Pierre Pontac Premier
Préfident.* Au retour de la chaffe M. de

Pontac ayant retrouvé son plaideur mor-
fondu, lui demanda : Eh bien ! l'ami, avez-
trouvé le sens du chiffre ? Vraiment oui,
Monseigneur , lui répliqua-t-il. Eh bien ?
C'est, *Pauvre Plaideur, Prenez Patience*.
Son affaire fut expédiée le lendemain.

§. X. Les Magistrats ont des précautions à prendre & des combats continuels
à livrer contre deux sortes d'adversaires ,
qui sont les plaideurs injustes & les Avocats artificieux. Ceux-ci regardent la Jurisprudence , ou comme un filet dans
lequel ils attrapent les gens de bien , qui
vivant dans la sécurité d'une bonne confcience négligent souvent de prendre toutes les précautions qu'exige la chicane ;
ou comme une armure défensive , dont
ils couvrent leur méchanceté , mettent
leurs mauvaises actions à couvert des lois,
& parent adroitement les traits que la
justice pourroit lancer contre leurs ini-
quités. Le monde fourmille malheureu-
sement de livres où les précautions juridiques (*Cautelæ*) sont réduites en systême, & que l'on ne sauroit lire sans s'écrier
presque à chaque page : *inventâ lege ,
inventa est fraus legis !*

§. XI. Enfin la pratique de la Jurisprudence pour les Magistrats demande
encore qu'ils soient habiles à lire les pieces d'un procès & à en faire une bonne

relation. Un Juge qui voudroit lire d'un bout à l'autre l'énorme amas de pieces qu'un procès long & compliqué accumule toujours, ne finiroit jamais, & ne pourroit souvent pas juger deux causes en une année. Il y a donc un art, une méthode à lire les pieces, à feuilleter, à couler légérement sur les choses accessoires, les formalités, & à ne s'attacher qu'aux points essentiels de la querelle. Il faut beaucoup de discernement pour saisir le vrai, le point contesté, dans le fond & dans les preuves. C'est souvent chercher un diamant dans un immense tas de décombres. Mais il ne suffit pas seulement de découvrir, de connoître la vérité & la justice d'une cause ou d'un fait, il faut encore posséder l'art de la faire connoître à ses Collegues, aux autres Juges, au Tribunal dont on est membre ; il faut savoir rendre compte des pieces qu'on a examinées, il faut faire convenir les parties & souvent tout le public de l'équité d'une sentence. C'est cet art que les jeunes Jurisconsultes apprennent dans un cours qu'on nomme dans nos Universités *Collegium relatorium.*

LIVRE PREMIER.

CHAPITRE XXVI.

LA MÉDECINE.

§. I.

LE vulgaire, dont le malheureux destin est de se tromper en tout, s'imagine que la Médecine soit l'art de rendre les hommes immortels, ou du moins qu'un fils d'Esculape est un ignorant s'il ne guérit pas toutes les maladies qu'on lui présente. Il croit, qu'ainsi que les Rois de France ont le don de faire disparoître les écrouelles par leur présence & leur attouchement, de même le Médecin par ses visites & le tâtonnement du pouls, peut faire fuir les infirmités & rappeller un malade des portes du trépas. Erreur étrange qui attribue à un mortel le don d'opérer un miracle sur un autre mortel, & qui mettroit la médecine, je ne dis pas seulement au-dessus de toutes les autres sciences, mais qui la rendroit même victorieuse des arrêts du Ciel & de l'ordre de la nature !

§. II. Lorsqu'on ne considere la médecine que comme l'art de prolonger quelquefois la vie & de faire passer aux humains les jours de leur existence dans un état de santé le plus parfait dont chaque tempérament soit susceptible, c'est déjà une science qui mérite toutes les attentions & tous les égards des hommes. On ne sauroit trop l'approfondir ; il est juste, il est avantageux pour le genre humain que les plus beaux génies, les esprits les plus subtils, les plus justes, les plus profonds s'y appliquent soigneusement. Cette vérité devient encore plus sensible quand on examine les parties & les ressorts délicats & fragiles dont la machine qu'on appelle le corps humain, est composée, la quantité de ces ressorts qui sont ou cachés à notre vue, ou hors de la portée de nos secours immediats, & qu'on en conclut qu'il faut une sagacité extraordinaire pour juger sur les symptômes extérieurs qu'on apperçoit, d'une cause interne qu'on ne voit point, & savoir choisir & appliquer à propos les remedes les plus efficaces pour guérir chaque mal dans sa cause occulte.

§. III. Par ce qui vient d'être dit, il paroît que la médecine a un double objet;

savoir, la confervation de la fanté dont l'homme jouit, & la guérifon des maladies qui viennent l'attaquer. Il faut donc que le Médecin connoiffe, 1°. l'état du corps humain tel qu'il eft dans fon affiette naturelle, c'eft-à-dire en fanté ; 2°. l'état du corps humain dans tous les dérangemens dont il eft fufceptible, c'eft-à-dire dans fes différentes maladies ; 3°. les fymptômes de chaque maladie ; 4°. les moyens les plus propres pour prévenir le dérangement du corps & l'altération, l'affoibliffement ou la deftruction de fes parties ; & 5°. les remedes les plus efficaces contre chaque maladie. Ces connoiffances générales ont chacune leurs fciences particulieres dont elles font pour ainfi dire compofées, & dont la réunion forme l'art de la Médecine. Nous en parlerons non-feulement plus en détail dans ce chapitre, mais nous ferons auffi l'analyfe de chacune de ces fciences particulieres dans les chapitres fuivans, après que nous aurons fait encore quelques réflexions indifpenfables fur la Médecine en général.

§. IV. *Connoître le mal, connoître les remedes, connoître le moment de l'apropos pour les appliquer,* c'eft donc en quoi confifte la fcience du Médecin. Moliere a dit quelque part qu'*un Médecin eft un homme payé largement pour tenir de jolis propos au chevet du lit d'un malade , jusqu'à ce que la nature le guérisse , ou que les remedes le tuent.* D'autres ont appellé la médecine *l'art des conjectures.* D'autres encore ont fait des plaisanteries sans nombre & sans fin sur cette science. Mais lorsque les maladies viennent attaquer la frêle machine , quand le corps souffre ou que le danger de la mort approche, ces sortes de bons mots se perdent dans les airs, le vent les emporte , le malade suit le précepte de Salomon , il honore le Médecin & s'en sert au besoin. Il est vrai néanmoins qu'on ne trouve fort souvent que trop de vérité dans les traits satiriques qu'on vient de rapporter, sur-tout lorsqu'on considere la médecine par les abus que des charlatans de toute espece en font chaque jour. Ces abus d'ailleurs sont très-faciles , souvent même inévitables , dans une science qui marche pour ainsi dire en tâtonnant , qui exerce ses fonctions sur un terrein qu'elle ne voit point, qui est couvert de ténebres & dont un mur épais la sépare , & qui par conséquent par sa nature même ne sauroit porter le flambeau de l'évidence dans toutes ses opérations.

§. V. On ne s'abaissera pas à parler ici de ces charlatans grossiers qui courent les

provinces, qui ne connoiſſant ni les principes de la phyſique, ni la ſtructure du
corps humain, ni les cauſes, ni le ſiege
des maladies, ni les remedes propres à
les guérir, promenent par tout leur art
homicide, & envoient plus de citoyens
au tombeau que les maux épidémiques ;
ni de ceux qui inondent la terre de leurs
panacées univerſelles, de leur baume de
vie, de leur orviétan & de mille drogues
ſemblables, comme s'il étoit poſſible qu'il
y eût dans la nature un remede univerſel,
comme ſi toutes les maladies partoient du
même principe, & que le même remede
pût pénétrer juſqu'au ſiege de chaque maladie particuliere, & y opérer les mêmes
effets. Il n'y a qu'à indiquer ces ſortes
d'extravagances pour en faire ſauter aux
yeux le ridicule. Mais il eſt une autre
eſpece de charlatanerie plus ſpécieuſe,
& dont quelquefois des Médecins habiles
ne ſont pas exempts. Elle prend ſa ſource
dans la manie des ſyſtêmes. Le Médecin
trop ſyſtématique voit ſon malade, forme
ſur les ſymptômes quelquefois mal rappor-
tés, ſouvent équivoques ou mal réfléchis,
une *indication*, un ſyſtême de la maladie.
Il part de ce principe, en conſéquence
duquel il regle ſa cure, donne les remedes
& preſcrit le régime. Les effets ne ré-
pondent pas à l'attente, & il ſe manifeſte

de nouveaux symptômes contraires aux premiers. N'importe ; il ne sauroit abandonner son système, il explique les nouveaux symptômes & force la nature à y entrer ; il continue sa cure sur son plan, le patient part pour l'autre monde, la terre couvre l'ignorance & le caprice du Médecin qui met en poche son salaire. Le Médecin habile & raisonnable au contraire fait une indication, mais ne s'opiniâtre pas à un système. Il suit la nature dans toute sa marche & dans tous les symptômes par lesquels il peut la découvrir ; il adapte les médicamens & la diete sur les symptômes qui paroissent, il aide à la nature, il lui facilite les moyens qu'elle emploie pour se remettre dans son assiette naturelle, il fortifie ses ressorts & leur donne leur action, & s'il ne guérit pas toujours, c'est que le malade n'étoit pas susceptible de guérison, c'est que la machine étoit usée, ses ressorts détruits & le mal incurable.

§. VI. Il est encore une espece de charlatanerie dont quelquefois des nations entieres sont imbues & qui est très-dangereuse. C'est celle des cures qu'on nomme *héroïques*. On dit : il n'y a qu'un petit nombre de remedes dont la vertu efficace soit bien reconnue, bien avérée. C'est par exemple la rhubarbe, l'émétique,

l'hypécaquana ,

l'hypécaquana , le mercure , le quinqui-
na , &c. Ajoutez à cela la faignée , les
lavemens , les véficatoires , & ainfi du
refte. Voilà les feuls inftrumens avec
lefquels il faut opérer fur les corps dé-
rangés , avec lefquels il faut travailler fur
les maladies. Toutes vos poudres , vos
gouttes , vos infufions , vos mixtions , vos
émulfions , tous vos lénitifs , vos petits
remedes défenfifs ne font que des charla-
taneries , que des palliatifs bien contraires à la faine phyfique. On croit en pro-
nonçant cet arrêt avoir parlé comme un
grand Phyficien , comme un grand Docteur , on a raifonné comme un âne. La
nature ne veut pas toujours de ces grandes fecouffes ; fi vous l'ébranlez jufques
dans fes fondemens , vous fufpendez ,
vous arrêtez , vous détruifez fon action.
Il falloit la laiffer faire , l'aider , l'aiguil-
lonner dans fes opérations par ces mêmes
petits remedes , dont les effets font plus
modérés , moins violens. On a vu guérir , par exemple , de l'efquinancie par
vingt faignées réitérées , des véficatoires , &c. mais le malade eft refté dans
un état de langueur & d'épuifement toute
fa vie. On a vu guérir la même maladie
par une ou deux faignées & quelques-uns
de ces petits médicamens qu'on méprife
fi fort. Le temps , la patience , les foins

Tome I.   M

& le régime ont fait le reste, & le malade a repris son ancienne santé & sa vigueur.

§. VII. Il y a une troisieme espece de charlatanerie qui consiste dans le régime même que le Médecin ignorant prescrit. On peut en faire un abus mortel en le poussant à l'excès, & il y a un milieu à tout, qui est le seul point qu'on doit saisir. Tâchons d'en convaincre par un seul exemple. Dans les maladies de poitrine & sur-tout dans les crachemens de sang, hémorragies, &c. la plupart des Médecins commencent par saigner jusqu'au blanc, comme ils s'expriment. Ils prescrivent en même-temps non pas un régime, mais un jeune formel au malade. Ils ont fait un beau chef-d'œuvre. La nature demandoit tout autre chose. Le sang tout seul pouvoit guérir la plaie du poumon, la vomique, les petits fibres, les petites veines déchirées. Le sang seul pouvoit y pénétrer, y atteindre, y porter du secours. Le sang en lui-même est balsamique, gras, gluant, consolidant. Mais ce sang veut être refait, renouvellé chaque jour, & ce renouvellement ne se fait que par les alimens. Point du tout, au lieu de diminuer la trop grande masse du sang, vous le tirez tout, ou du moins toute sa meilleure substance; & par votre diete inconsidérée vous lui ôtez le moyen de

se refaire, & de se refaire en bonne qualité. Ce ne sera plus qu'un sang croupis-
sant, glaireux, mêlé d'une eau caustique,
âcre & piquante, qu'une liqueur corro-
sive, que du pus & de la matiere qui cir-
culera foiblement dans les veines du malade. Vous aurez extrait de son corps le
seul baume qui pouvoit le guérir, ou
vous aurez corrompu ce baume, ou
vous lui aurez donné une maladie pire
que la premiere, l'épuisement, l'inani-
tion, la destruction de l'estomac, le re-
lâchement dans tous les visceres, dont
les alimens pris avec modération entre-
tenoient le jeu, le ressort & l'activité.

§. VIII. On ne sait si l'on doit appeller charlatanerie, ou pédanterie, ou préjugé, ou ancienne manie les divers systêmes que des Médecins anciens & modernes ont établis sur les tempéramens,
sur le principe de la vie, sur la cause pri-
mordiale des maladies, sur les causes ou
vertus agissantes dans le corps humain,
sur le principe essentiel & la méthode des
cures, &c. & qui ont donné naissance à
diverses sectes parmi les Médecins, comme sont celles des *Dogmaticiens*, *Em-*
piriques, *Méthodistes*, *Episyntheticiens*,
Pneumaticiens, *Eclecticiens*, & ainsi du
reste, dont les uns fondent leurs opinions
& s'appuient sur l'autorité d'Hyppocrate,

d'autres ſur celle de Galien, de Paul Am-
man, de Stahl, de Hoffmann, de Boerhaave, &c. Ceux qui ſe vouent à la Médecine doivent naturellement s'appliquer
à connoître ces ſyſtêmes, ſoit pour en
faire leur profit, ſoit pour ſavoir à quel
point ils ſont erronés. C'eſt un objet de
leur étude. Pour nous il ſuffira de donner
une légere idée des principaux de ces
ſyſtêmes, & de l'accompagner de quelques réflexions.

§. IX. Les Médecins & les Philoſo-
phes ont ſuppoſé par exemple que le
genre humain eſt partagé en *quatre tempéramens* divers, qui ſont non ſeulement
les principes moteurs de toutes leurs actions, mais auſſi les cauſes primordiales
de toutes leurs maladies. Ces tempéramens ſont le *colérique*, le *ſanguin*, le
flegmatique & le *mélancolique*. Chaque
homme eſt rangé dans une de ces claſ-
ſes. Les Médecins en particulier appellent
auſſi tempérament le mélange & l'har-
monie des quatre ſimples qualités élémentaires, le chaud, le froid, l'humide
& le ſec, qui forment ſelon eux le tempérament de la nature & la conſtitution du
corps. Sous ce point de vue ils diſtin-
guent deux ſortes de tempéramens, l'un
qu'ils nomment *au poids* ou *ad pondus*,
& l'autre *de juſtice*. Le tempérament au

poids eſt celui qui a égale portion & meſure des qualités élémentaires , & le tempérament de juſtice eſt celui qui contient
des portions inégales de ces qualités , mais
en proportion convenable aux fonctions
auxquelles chaque partie du corps eſt deſ-
tinée. Ce n'eſt pas de ces derniers tempéramens que nous parlerons en cet endroit , mais nous ne pouvons nous empêcher de faire quelques remarques ſur
la doctrine des premiers.

§. X. Toutes ces ſortes de diſtinctions
réſident dans la tête des faiſeurs de ſyſtêmes & non dans la Nature , dont les opérations & les productions ne ſont jamais
tranchantes. Dans tout ce que la nature
fait , elle confond toujours les nuances , &
dans les tempéramens divers ou dans l'humeur des humains , il y a une variété toute
auſſi grande que dans les traits de leurs
viſages & de leurs phyſionomies. Il paroît
donc évident que la doctrine des tempéramens diſtinctifs eſt une chimere , & les
conſéquences qu'on en tire des erreurs.
Mais qui ſait ce qu'eſt dans l'homme ce feu
caché & volatil , cette eſpece de *flogiſti-
que* qui ſemble être répandu dans toute
la nature , que l'Electricité nous fait découvrir chaque jour davantage , & qu'on
extrait par les expériences électriques de
tous les corps , de tous les êtres ? Qui

fait, fi le plus ou le moins de ce feu répandu dans un corps humain ne contribue pas à lui donner plus de vivacité, ou
plus d'indolence? Qui fait fi la difpofition
variée des organes permet à tous les corps
humains de recevoir & de contenir une
portion égale de ce feu facré, qui furement n'eft pas en vain dans la nature? Il
feroit à fouhaiter que les plus habiles Phy-
ficiens vouluffent faire les expériences
électriques les plus exactes & les plus in-
génieufes fur les corps morts & fur les
corps vivans, fur des cadavres & fur des
malfaiteurs par exemple condamnés au
dernier fupplice, fur des êtres animés &
inanimés, fur des corps qui font encore
dans l'action de leur exiftence, & des
corps détachés de leur tronc, de leur ma-
trice & qui font fans principe de vie. Les
obfervations réitérées qu'on feroit à cet
égard, & qu'on communiqueroit au public, pourroient peut-être donner lieu à
bien des hypothefes, & conduire enfin
jufqu'à la découverte de la vérité. Il eft
toujours certain qu'un corps humain contient plus de ce feu qu'un autre corps humain. Il eft manifefte encore que ce feu
mis en mouvement, en action au prin-
temps par l'augmentation de la chaleur
du foleil ranime l'action dans toute la nature, liquéfie les fucs que l'hiver avoit

congelés, & donne une nouvelle végétation non seulement aux plantes engour-
dies, mais même à tout ce qui respire.
C'est tout ce que j'en sai jusqu'ici; mais
ce peu de savoir fait faire bien des réflexions.

§. XI. Parmi les différentes sectes de
Médecins modernes, nous n'en considé-
rerons ici que deux, dont les opinions
différentes semblent mériter toute notre
attention. Les uns ayant le célebre *Stahl*,
(& à certains égards Hyppocrate lui-même,) à leur tête, supposent que la cause
premiere de tous les dérangemens du
corps gît dans l'ame, & que par conséquent l'ame étant affectée diversement,
produit les maladies. Ils se fondent sur
le raisonnement & sur l'expérience. Ils
croient que l'ame est le principe de la
vie, que ce principe agit sur toutes les
parties du corps, sur les plus grossieres
aussi bien que sur les plus déliées & les
plus imperceptibles, que par conséquent
lorsque ce principe agissant est attaqué &
mis dans un mouvement extraordinaire,
quelque partie du corps ne sauroit manquer de s'en ressentir. L'expérience leur
prouve que quand l'ame qui anime le
corps le plus robuste & le mieux organisé
est affecté violemment, ou éprouve des
sensations soudaines ou longues & dou-

loureuſes, ce corps en ſouffre évidemment. C'eſt ainſi que l'épouvante, la frayeur, la colere, le chagrin rongeur, l'envie, le deſir, & toutes les paſſions occaſionnent des maladies tantôt ſoudaines & tantôt lentes, comme l'apoplexie, la paralyſie, la folie, le débordement de bile, les fievres, les langueurs, les vapeurs, & mille autres maux de toute eſpece. Il paroît ici viſiblement que l'ame a affecté le corps & cauſé ſon dérangement.

§. XII. Les autres qu'on nomme *Mécaniciens*, & qui ſont conduits par un formidable Athlete, le fameux Hoffmann, trouvent la cauſe primitive de toutes les maladies dans la ſtructure du corps & le mécaniſme de ſes organes. Ils croient que les idées naiſſent d'un nombre infini de petites ſenſations, & que ces ſenſations proviennent de la maniere dont des millions de nerfs, de fibres & d'autres reſſorts du corps ſont remués, agités, affectés. Ils paroiſſent prendre l'ame pour le réſultat de toutes ces ſenſations, & croient avec M. de Monteſquieu, que l'imagination, le goût, la ſenſibilité, la vivacité, &c. (& par conſéquent les paſſions auſſi,) en dépendent. L'expérience leur fait voir tout le contraire de ce qu'elle fait appercevoir à leurs adverſaires. Ils trouvent que quand une partie

noble & essentielle du corps est détruite
ou considérablement offensée, la mort
s'ensuit ; que le dérangement de chaque
viscere cause une maladie non seulement
du corps , mais souvent aussi de l'ame,
à proportion que ce viscere est lié plus
ou moins intimement avec la faculté de
penser ; qu'un refroidissement par exemple peut donner la fievre tout aussi bien
qu'une frayeur soudaine & violente ,
qu'un coup de massue déchargé sur la tête
d'un homme peut déranger l'ame la plus
raisonnable & l'esprit le plus juste , le
plus régulier. On trouve mille exemples
de ces sortes d'effets dans l'homme machine du Docteur la Mettrie, quoique les
conséquences qu'il en tire ne soient pas
d'un bon raisonneur. Voilà donc des maladies du corps & de l'ame occasionnées
visiblement par le dérangement du corps ;
& c'est ainsi que les Mécaniciens trouvent par tout le mécanisme des organes,
& expliquent tous les phenomenes par ce
principe.

§. XIII. Voilà de furieuses contrariétés !

Non nostrum inter vos tantas componere lites.

Nous nous contentons d'exposer l'état
de la question , & nous remarquerons
simplement que l'homme n'a pas les yeux
assez bons pour découvrir les principes

& les caufes primordiales d'aucune chofe ;
que nous manquons de plufieurs fens ;
que l'anatomie la plus fubtile, aidée de
tous les fecours de l'Optique la mieux
perfectionnée, ne connoît qu'imparfaite-
ment les nerfs, les fibres & les refforts
qui font animés par le principe de la vie,
que les extrémités de ces nerfs fe perdent
entiérement à la vue de l'obfervateur ;
que nous n'avons abfolument pas la moindre connoiffance de la nature de l'ame,
du principe de la vie &c. Que toutes ces
chofes font lettres clofes pour nous ; que
nous connoiffons tout auffi peu la maniere
dont le corps & l'ame agiffent récipro-
quement l'un fur l'autre ; que par conféquent il eft raifonnable de travailler fur
la partie de l'homme que nous connoiffons le mieux, plutôt que fur celle dont
nous ne connoiffons rien ; que tout Médecin fera bien de fuivre le fyftême des
Mécaniciens, de ne point s'alambiquer
vainement l'efprit pour guérir l'ame, mais
de s'appliquer à la guérifon du corps, à
nettoyer les organes, à renouveller &
améliorer les fucs nourriciers, à bonifier
le fang, à roborer les refforts de l'eftomac & des autres vifceres, & à entretenir chaque partie du corps humain dans
fon état naturel & dans l'action à laquelle
elle eft deftinée.

§. XIV. Sans nous engager donc plus avant dans toutes ces sortes de contro-verses, qui souvent ne sont pas exemptes de frivolité, nous passerons à ce qui est plus essentiel aux Eleves d'Esculape, & nous dirons quelques mots des sciences qui doivent les conduire au sanctuaire de la Médecine. Outre les études prépara-toires que tout homme des Lettres est obligé de faire, le jeune Médecin doit s'appliquer particuliérement à la langue grecque & latine, non seulement parce que tous les bons Ouvrages de Méde-cine sont écrites en ces langues, & que toute la correspondence entre les Méde-cins se fait en latin, mais aussi à cause des termes techniques, des expressions de l'Art & des dénominations de tous les objets qui se rencontrent dans chacune des doctrines particulieres dont la science du Médecin est composée, & qui sont presque tous ou grecs, ou dérivés du grecs. Celui qui saura donc cette langue, aura toujours un avantage infini sur celui qui ne la saura pas. Chaque terme d'Ana-tomie, de Physiologie, de Patologie, de Matiere médicale, de Botanique qu'il trouvera, lui sera familier, il en saura l'étymologie, le nom lui indiquera tout de suite le viscere ou la maladie qu'il dé-signe, sa signification ouvrira des lumieres

M vj

dans son esprit, & il le retiendra bien plus facilement que si la signification lui en étoit tout-à-fait inconnue. Un Médecin enfin qui ignore absolument le Grec, se pousse à travers les sciences de sa profession, comme un homme qui marche dans un brouillard épais; il ne voit jamais clair, & s'il arrive à son but, ce ne sera qu'après s'être mille fois égaré chemin faisant.

§. XV. La Physique est la base & le fondement de toute la science du Médecin; sans elle il ne sera jamais qu'un empirique, qu'un charlatan qui entreprendra toutes ses cures au hasard. C'est une vérité dont vraisemblablement personne ne doute; mais tout le monde ne croit pas que l'étude des Mathématiques soit aussi essentielle à un Médecin qu'elle l'est en effet. On entend mal la Physique en général sans la connoissance des principes de Mathématique, & l'on ne juge sans elle que très-imparfaitement de tous les mouvemens divers qui se font dans le corps humain, comme *de motu tonico, de mechanismo motus sanguinis, de motibus humorum spasmodicis, &c.*

§. XVI. A l'égard des sciences particulieres qui forment l'art de la Médecine, nous rappellerons ici à nos Lecteurs ce qui a été indiqué au §. III. de ce Chapitre, & nous en tirerons la conséquence naturelle qu'il faut pour connoître

(a) L'état du corps humain dans son assiette naturelle,

1. *L'Anatomie.*

2. *La Physiologie.*

(b) L'état du corps humain dans ses dérangemens divers,

3. *La Pathologie*, ou la science des maladies.

(c) Les symptômes extérieurs des maladies internes,

4. *La Sémiotique* ou *l'Indicative*, qui traite des signes & des indications des maladies.

(d) Les moyens les plus propres pour prévenir le dérangement du corps,

5. *La Thérapeutique.*

(e) Les remedes les plus efficaces contre chaque mal,

6. *La Matiere médicale.*

7. *La Botanique.*

8. *La Pharmacie*, ou *l'Election*, la préparation & la mixtion des remedes.

9. *La Chymie.*

A quoi l'on peut ajouter encore,

10. *La Chirurgie & les Accouchemens.*

11. *La Pratique de la Médecine.*

12. *La Prudence médicale & Medicina forensis.*

§. XVII. Nous allons expliquer ces différentes parties de la Médecine dans les Chapitres suivans. Ceux qui veulent s'instruire plus particuliérement de cette science en général, doivent étudier *les Institutions médicinales*, que les plus habiles Médecins de tous les âges & de tous les pays ont publiés, & ils peuvent acquérir la connoissance des meilleurs Auteurs qui ont traité ces matieres dans les *Bibliotheques médicales*, dont il y en a aussi plusieurs. Enfin ils feront bien d'étudier *l'Histoire de la Médecine* dans les plus célebres Auteurs qui l'ont écrite & de se munir des meilleurs *Dictionnaires de Médecine*, comme de ceux de Castell, de Brunon, de Blancard, &c.

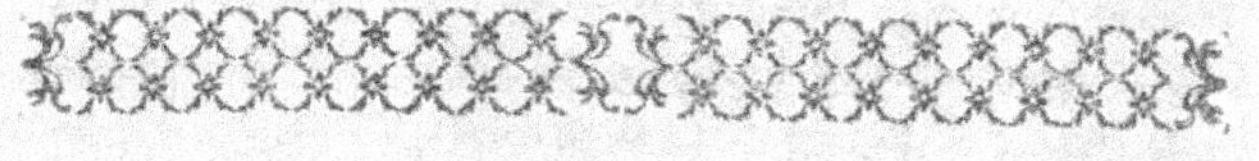

LIVRE PREMIER.

CHAPITRE XXVII.

L'ANATOMIE.

§. I.

TANDIS que la plupart des Auteurs traitent des diverses parties de la Médecine, combinent l'Anatomie & la Physiologie, nous croyons devoir les séparer ici, afin de prévenir que ces deux sciences très-différentes en elles-mêmes ne se confondent dans l'esprit des Lecteurs. L'Anatomie s'exerce sur des cadavres : la Physiologie examine les corps vivans ; la premiere voit les visceres & toutes les parties du corps humain dans un état de repos : la seconde les voit en action ; la premiere trouve tous les visceres applatis, dénués de sang & de sucs : la seconde les considere remplis de sucs & de sang, & toutes ces liqueurs en jeu, en circulation, en végétation : elle ap-

profondit même fur les principes de la
Phyfique, & à l'aide des Mathématiques
la nature, la force & les effets du mouvement des folides & des liquides dans
le corps humain ; les effets de l'air que
l'homme refpire & de celui qui l'environne, la digeftion des alimens & les
effets qu'elle produit, & mille chofes pareilles qui ne fauroient être du reffort de
l'Anatomie. Mais comme cette derniere
conduit à la Phyfiologie, & qu'il faut
commencer par connoître la ftructure du
corps humain avant que de pouvoir connoître l'état naturel, l'utilité, les propriétés & les fonctions de chaque partie
& le fyftême du tout enfemble, que cette
ftructure ne fauroit s'apprendre que par
la diffection des cadavres, nous traiterons
ces deux fciences immédiatement l'une
après l'autre pour les combiner fans les
confondre.

§. II. L'Anatomie eft donc cette fcience
qui donne la connoiffance des parties du
corps humain par la diffection, & même
celle des autres animaux. Les Anciens re-
connoiffoient très-bien l'utilité de l'Anatomie & s'y appliquerent avec fuccès.
C'eft ce que prouvent les ouvrages qui
nous reftent d'Hyppocrate, de Démo-
crite, d'Ariftote, d'Erefiftrate, de Galien,
d'Avicenne, d'Herophile & de plufieurs

autres Auteurs. Cependant le Fanatisme opprima cette science pendant plusieurs siecles ; la dissection du corps humain passa pour un sacrilege jusqu'au temps de Charles-Quint & de François I. Ce n'a été que dans le XVIme. siecle qu'on reconnut que c'est une folie insigne de se priver d'une connoissance qu'on peut obtenir, & l'Anatomie fut rétablie. *Vesale*, Médecin Flamand, mort en 1564. fut le premier qui débrouilla cette science & qui a été suivi depuis par un nombre infini d'habiles Anatomistes, qui ont fait & publié les observations les plus heureuses, les plus exactes, & les plus subtiles sur les différentes parties du corps humain.

§. III. *Aselius* découvrit les veines lactées, *Harvey* la circulation du sang, *Pecquet* le réservoir du chyle & les conduits thorachiques, *Rudbeck* & *Bartholin* les vaisseaux lymphatiques, *Wharton* les conduits salivaires inférieurs, *Sténon* les supérieurs, ceux du palais, des narines & des yeux, & quelques muscles, *Wirsungus* le conduit du pancréas, *Willis* donna l'Anatomie du cerveau & des nerfs, *Glisson* traita du foie, *Wharton* des glandes, *Graaf* du suc pancréatique & des parties de la génération, *Lowez* du mouvement du cœur, *Thruston* de la respiration, *Peyer* des glandes des intestins, *Drélin-*

court du placenta, des membranes du fœtus, &c. *Malpighi*, Médecin du Pape Innocent XII. des poumons, du cerveau, du foie, de la rate, des reins, des glandes & des vaisseaux lymphatiques; & nous ne finirions jamais si nous voulions faire l'énumération de toutes les découvertes dont les habiles Anatomistes modernes, aidés des secours de l'Optique perfectionnée & des meilleurs instrumens, ont enrichi le monde & la Médecine. Nous rappellons ici avec admiration & reconnoissance les noms respectables de Boerhaave, d'Albinus, de Haller, &c.

§. IV. Les Anatomistes divisent leur Art en plusieurs parties, & ces divisions ne sont pas sans utilité. Elles préviennent la confusion dans une science où la Terminologie même devient une étude considérable. En général l'Anatomie se divise en deux parties principales, qui sont,

1°. *L'Ostéologie*, laquelle traite des *os* du corps humain & des *cartilages*, de leur figure, de leur disposition & de leurs ligamens.

2. *La Sarcologie*, qui traite des *chairs* & des *parties molles*. Cette derniere se subdivise encore en

(a) *La Splanchnologie*, qui donne l'histoire & l'explication de toutes les

parties internes , des inteſtins , & particuliérement des *viſceres* , qui ſont le
cœur , le foie , les poumons , l'eſtomac ,
la rate , les boyaux & autres parties intérieures de l'homme.

(b) *La Myologie* , qui explique ce qui
concerne les *muſcles*.

(c) *L'Angeiologie* , qui fait la deſcrip-
tion des *vaiſſeaux* du corps humain , ſavoir des arteres , des veines & des vaiſſeaux lymphatiques.

(d) *La Nevrologie* , qui traite des
nerfs. (On appelle auſſi la *Nevrographie*
l'art qui les repréſente en gravure ou en
peinture.) Il y a outre cela pluſieurs doctrines particulieres des différentes parties
du corps humain , qui ont chacune leur
dénomination que l'on apprend en étudiant l'Anatomie même. C'eſt ainſi par
exemple que l'on appelle *Ophthalmogra-*
phie cette partie de l'Anatomie , qui traite
de la compoſition de l'œil , & de l'uſage
de ſes parties , & des principaux effets
de la viſion , &c.

§. V. Il y a des Ouvrages excellens
preſque dans toutes les Langues , mais
principalement en Latin , ſur chacune de
ces différentes parties de l'Anatomie , qui
ſervent de guides aſſurés à ceux qui veulent s'y appliquer. Cependant comme
l'Anatomie ſe fonde ſur des choſes qui

font de fait, qui exiftent, & qu'il faut voir de fes yeux pour s'en former une idée parfaite, il eft indifpenfable de fréquenter les Théâtres anatomiques, de voir difféquer les cadavres, & encore mieux de les difféquer foi-même, d'entendre les explications des habiles Profeffeurs, & enfin de mettre foi-même la main à l'œuvre, & de chercher à faire de nouvelles découvertes, ou à vérifier celles qui ont déjà été faites. Tout dépend de la bonté du Théâtre anatomique, des cadavres qu'on y porte, de l'habileté du Profecteur qui fait les préparations du cadavre pour les leçons, de l'excellence des inftrumens anatomiques & optiques, & du Profeffeur qui explique ce que l'œil voit.

§. VI. Ce n'eft que dans les mois d'hiver qu'on peut faire l'Anatomie avec fuccès, tant à caufe de la corruption foudaine & des exhalaifons infupportables qui en naiffent pendant l'été, que parce que cette même corruption & fermentation change la figure & la difpofition des parties internes & fur-tout de celles qui font petites, délicates & fubtiles, & qu'on eft fujet par conféquent à fe former de fauffes idées fur ces parties. C'eft par la même raifon que les cadavres des malfaiteurs morts dans les fupplices qui

ont dérangé totalement les os & la configuration des parties internes, ne font
nullement propres à la diffection. Au refte
il en eft à certains égards de l'Anatomie
comme de la Géographie & du Blafon ;
il faut deux bons yeux pour voir les objets, & de la mémoire pous en retenir
les noms, d'autant plus que la Terminologie en eft des plus vaftes. Mais il faut
encore plus à celui qui veut exceller dans
cette fcience ; il faut un jugement fain,
de la fagacité, de l'efprit & un efprit
fcrutateur, une patience infatigable pour
fuivre la nature dans fes effets les plus cachés, pour faire de nouvelles découvertes fur le corps humain, & de bons raifonnemens fur ces découvertes.

§. VII. C'eft auffi par cette raifon
qu'on diftingue entre *l'Anatomie ordinaire* & *l'Anatomie fubtile* ou *fublime*.
L'une eft l'ouvrage du commun des Profeffeurs, Médecins, Chirurgiens & Etu-
dians ; l'autre occupe les Albinus, les
Boerhaave, les Haller, les Sidenham, les
Lieberkuhn. Ceux qui veulent s'appliquer à la Médecine doivent cependant
commencer par apprendre l'Anatomie
ordinaire, pour fe former une idée jufte
& exacte de la ftructure générale du corps
humain, avant que de s'embarraffer l'efprit par des découvertes fubtiles.

§. VIII. Les secours des Anatomies de cire, d'ivoire, &c. des desseins, des planches gravées, enluminées, peintes ou imprimées en couleurs naturelles, arts qui se perfectionnent tous les jours, & qu'on ne sauroit assez encourager, des squélettes vrais ou imités, des momies parfaites & entieres, des injections en vif-argent ou en cire de différens visceres & parties internes du corps humain, des microscopes, comme on en voit la description dans le premier volume des Mémoires de l'Académie de Berlin, & divers autres secours pareils, concourent tous non seulement à perfectionner l'Anatomie en général, mais aussi à mettre les Eleves de la Médecine en état de se procurer sans difficultés des connoissances solides sur le corps humain, & à ne pas agir au hasard lorsqu'ils prétendent rétablir quelque partie lésée & endommagée.

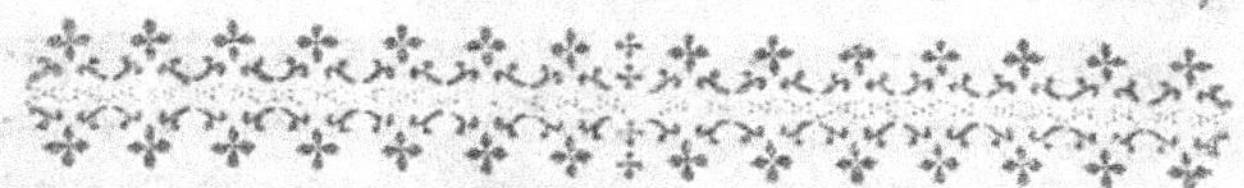

LIVRE PREMIER.

CHAPITRE XXVIII.

LA PHYSIOLOGIE.

§. I.

LA Physiologie, comme nous l'avons déjà insinué, considere l'homme jouissant de la vie, de la santé & de la vigueur naturelle. C'est pour cette raison que plusieurs Auteurs la nomment *Theoria hominis sani*. L'Anatomie, la Physique & à certains égards les Mathématiques, surtout la Mécanique, prêtent leurs secours à cette science.

§. II. La Physiologie enseigne donc le système entier des parties internes & externes d'un corps vivant sur les principes anatomiques, & l'usage, les fonctions & les effets de ces parties diverses pour la conservation, la nourriture, l'accroissement & la multiplication de l'homme, c'est-à-dire les ressorts de son existence

& des fonctions de sa vie, sur les principes physiques. C'est sur ce double fondement que repose la Physiologie, & l'on
diroit presque tout l'édifice de la Médecine.

§. III. Dès que l'Anatomie a fait connoître les parties internes & externes de
l'homme, leur structure & leur disposition naturelle, la Physique examine sur
ses principes les plus solides, la cause, le
siege, le mécanisme, l'action & les effets
des sucs nourriciers, des fluides, la maniere dont ils sont préparés, séparés,
dispensés dans le corps humain, ce qui
met chaque partie en mouvement, en
action, & ce qui l'entretient. C'est ici
qu'on cherche à développer ce que c'est
que la *chaleur naturelle*, *innée* ou *inhé-
rente*, *l'humide radical*, les *tempéramens*,
l'*esprit vital*, le *suc des nerfs*, les *sens
internes & extérieurs*, les *fibres motrices*,
& une infinité de choses pareilles dont
nous avons déja parlé au chapitre de la
Médecine en général. On ne sauroit s'empêcher de remarquer encore ici, qu'il
n'y a guere d'apparence que l'esprit humain parvienne jamais à la connoissance
parfaite du principe des choses, & sur-
tout de ce qui se passe au dedans du corps
humain; que quand même on le décou-
vriroit on n'en seroit peut-être pas plus
avancé

avancé pour la guérison des maladies, qui fait l'objet du médecin ; que celui-ci agira prudemment s'il considere le corps humain comme une machine très-artiste-ment construite & composée de mille & mille ressorts dont on connoît la plus grande partie & les principaux ; s'il se persuade que ces ressorts sont délicats & fragiles, qu'ils sont tous entretenus dans leur action naturelle par des sucs & des liquides ; que les solides & les fluides suivent dans le corps humain l'analogie des autres fluides & solides dans le reste de la nature ; que la physique & la mé-chanique nous en enseignent les Lois, & encore un coup, que c'est sur ces Lois, jointes aux découvertes anatomiques, qu'il doit fonder la théorie de la Phy-siologie.

§. IV. Les anciens Spagyriques & les Médecins chymistes, les hommes du monde les plus propres à prendre le change eux-mêmes & à tromper ensuite les autres, s'alambiquent l'esprit à faire sans cesse des décompositions & des mix-tions, à créer des êtres simples, des élé-mens, & à en faire un mélange, & por-tent ces visions jusques dans la Physio-logie. On ne fait mention ici de leurs rêveries que pour avertir les jeunes Médecins d'être en garde contre elles.

Tome I.   N

§. V. Le célebre Stahl, qui vivoit à Halle en Saxe, étoit un si grand homme, que ses systêmes, & ses systêmes erronés même, deviennent respectables; & nous ne pouvons nous dispenser de rapporter en peu de mots ce qu'il pensoit en matiere de physiologie. Il divise le corps humain en parties *solides* & parties *fluides*, & sur cette division il explique toutes les parties essentielles de l'Anatomie, sous le titre de *Théorie physique*. Selon lui tous les sucs & fluides du corps sont de telle nature & qualité qu'ils se sépareroient & se dissoudroient, ou qu'ils se corromproient & se gâteroient, si une force vivante ou vertu agissante ne les entretenoit par un mouvement continuel dans leur ordre & dans leur perfection. Il prend l'ame pour cet être vivant. La vie du corps consiste donc dans le mélange continuel des parties animales & corporelles, opéré par cet être immatériel, qui entretient la sécrétion & l'évacuation constantes. La santé est l'entretien régulier de tous ces mouvemens vifs & animés, dont il en remarque six; 1°. la circulation du sang; 2°. le tirement des fibres, qu'on nomme *motus tonicus* (*); 3°. le mouvement volon-

(*) Ce tirement des fibres est digne de remarque, c'est peut-être ce que les Anciens entendoient par *robur partium.*

taire ; 4°. l'action des fens ; 5°. le mouvement intérieur du fang ; & enfin 6°. le
mouvement de l'évacuation des corps
étrangers, fuperflus ou nuifibles. Il dé-
duit de ces principes l'ufage & les fonctions de toutes les parties du corps humain, tout l'entretien & l'aliment , &
l'ufage de ces objets que les Médecins
nomment *non naturales* , & auxquels M.
Stahl ajoute l'habitude. On peut voir le
refte du fyftême dans fes ouvrages , &
principalement dans fa Phyfiologie. Ne
pourroit-on pas fimplifier cette idée , en
difant que le motus tonicus eft un fimple
attribut ou une qualité naturelle donnée
par le Créateur aux parties du corps humain ; comme le mouvement , la tendance au centre de la terre , aux autres
corps.

§. VI. Comme on ne fauroit difféquer
un corps vivant, & qu'il cefferoit d'être
vivant par la diffection même , il eft naturel que la Phyfiologie fe fonde en
grande partie fur des obfervations ingé-
nieufes & exactes, fur des raifonnemens
juftes & profonds , & fur une pratique
longue & féconde que l'on fait foi-même
ou que d'autres habiles gens ont fait avant
nous. C'eft du réfultat de tant d'obfervations, de tant de raifonnemens, d'une
pratique de tant de fiecles, que s'eft for-

mée la Physiologie systématique que l'E-
tudiant en Médecine entend expliquer
dans les chaires des Professeurs aux Universités, & qu'il étudie dans son cabinet dans les ouvrages physiologiques des
Auteurs les plus célebres qui ont écrit
sur cette matiere.

LIVRE PREMIER.

CHAPITRE XXIX.

LA PATHOLOGIE,

§. I.

Tous les êtres animés n'ont qu'une voie pour arriver à la vie ; ils en ont des milliers pour en sortir. La connoiffance de ces chemins qui conduifent les hommes au trépas, de leurs maladies & infirmités, du corps humain enfin, dans tous les dérangemens dont il eft fufceptible, c'eft là la plus grande & la vraie fcience du Médecin, & l'on appelle cette fcience la Pathologie.

§. II. Avant que de procéder à fon analyfe, on nous permettra de faire une remarque effentielle fur une qualité ou propriété, ou plutôt fur un vice naturel qu'ont tous les vifceres, mufcles, vaiffeaux, nerfs, & en un mot toutes les parties molles du corps humain, & des animaux en général,

mais sur-tout les muscles. A mesure que
l'homme ou l'animal existe, ces muscles,
ces parties molles se durcissent & se raccor-
nissent. De-là les changemens même dans
l'extérieur des hommes , dans la peau ,
les muscles perceptibles , les traits du visage , les mains , &c. Tout cela vient du
raccornissement qui altere la figure des
muscles & change par conséquent la phy-
sionomie de tout. Si le chyle , le sang &
les sucs sont bons dans l'homme , cette
altération se fait beaucoup plus lentement,
& il reste non-seulement plus long-temps
en vigueur , mais il conserve aussi son air
de jeunesse ; si le contraire arrive , il vieillit avant l'âge. Mais la conservation a ses
bornes & ne peut durer qu'un certain
temps. A la fin le terme arrive où tous
les ressorts du corps humain sont raccor-
nis , où leur jeu cesse , où les fonctions
de chaque partie ne peuvent plus se faire,
où le vieillard devient une espece d'auto-
mate , à charge à soi-même & à ceux
qui sont obligés de le faire agir , où il
cesse d'être , & retourne à la terre d'où
il fut tiré , comme dit l'Ecriture. Il est
plus important qu'on ne pense en fait de
Pathologie de ne point perdre de vue
cette considération sur la propriété naturelle des corps animés.

§. III. Nous seroit-il permis d'observer

encore, que cette même confidération, en prouvant que l'immortalité feroit abfolument impoffible, répand auffi de furieux doutes fur l'affertion de Moïfe au fujet de l'âge des premiers humains & des Patriarches. Car, de deux chofes l'une, ou ces mufcles, ces nerfs, ces fibres &c. ont été conftruits & conditionnés comme les nôtres, & alors il eft impoffible qu'ils ayent pu durer près de *mille ans*, fans fe raccornir ; d'autant plus que ces premiers hommes mangeoient, buvoient, fe multiplioient & faifoient les mêmes fonctions que nous ; ou bien il faut foutenir que leurs vifceres &c. ont été formés plus forts, plus vigoureux, plus robuftes que les nôtres, d'où il s'enfuivra encore une conféquence immanquable, mais terrible. Il paroît démontré que la façon de penfer de l'homme, fa vivacité, fon efprit, fa fenfibilité, dépendent de la délicateffe plus ou moins grande de fes nerfs, de fes fibres, & du tout enfemble de fa machine. Si donc toutes ces parties ont été affez fortes pour pouvoir durer près de mille ans, il eft clair comme le jour que les Patriarches ont été des bêtes, infiniment moins fenfibles, moins vives que les animaux d'aujourd'hui. Mais comme on ne connoiffoit chez les Hébreux du temps de Moïfe rien de l'Aftronomie, & que furement du temps

des Patriarches & avant le déluge, l'année n'étoit pas une révolution de trois
cent soixante-cinq jours, il nous est permis de prendre pour le mot d'année telle
révolution, tel terme que bon nous semble, & il n'en résultera aucun inconvénient, si ce n'est pour Messieurs les Chro-
nologistes, les gens les plus ingénieux à
bâtir des édifices en l'air. Nous sommes
obligés de faire encore ici une observation qui nous paroît des plus importantes.
Le Pseaume XC. est intitulé, *Requête de
Moïse*. Ce même Moïse, qui dans son
livre historique avoit assuré que les Patriarches & les hommes avant le déluge
vivoient un millier d'années ou peu s'en
faut, & qui n'a pas dit quel âge attei-
gnoient les femmes, mais qui leur fait
perdre selon son rapport une qualité nécessaire à la génération environ au même
âge que les femmes la perdent aujour-
d'hui, ce qui prouve que la nature agis-
soit dès-lors sur elles selon ses lois immua-
bles, ce même Moïse, dis-je, assure au
verset 10. du Pseaume 90. que nous venons de citer, que *les jours de l'homme
reviennent à soixante-dix ans, & s'il y
en a de vigoureux, à quatre-vingt ans*. Le
Poëte n'est pas ici d'accord avec l'Histo-
rien ; & l'objection tirée de ce qui est
arrivé avant ou après le déluge, se détruit

d'elle-même par les obfervations phy-
fiques que nous venons de faire en ce
moment.

§. IV. Revenons au fil de cet ouvrage
& à la matiere de ce chapitre. Nous avons
encore une réflexion à faire fur *le fang*.
Celui qui dès le moment de notre exiftence coule dans nos veines n'eft pas une
liqueur fimple & homogene ; mais il paroît par toutes les diftillations que c'eft
une liqueur compofée d'huile, d'eau &
de fels, qui le rendent plus ou moins falé,
aigre, amer, âcre, doux, piquant, leffi-
veux. Ces parties dont le fang eft compofé ont auffi une tendance naturelle à fe
diffoudre & à fe féparer, fi elles ne font
retenues par une autre force ou vertu
dans une agitation & dans un mélange
continuel. Or, nous fentons au dedans de
nous quelque principe qui croît, augmente, périclite & diminue avec l'âge,
& qui augmente ou diminue notre vigueur. Qu'on nomme ce principe air,
efprit éthéré, efprit de vie, principe de
vie, ame, ou comme on voudra, peu
importe ; mais il paroît évident que ce
principe moteur a une difpofition à ne pas
toujours entretenir & nettoyer les fucs
nourriciers & les liquides néceffaires au
corps humain auffi-bien que poffible, mais
à les corrompre & gâter par des excès ou

des défauts. D'où l'on doit conclure que
nous naiſſons avec le principe de la mort,
& que chaque jour nous en approche.
Mais cette diſpoſition naturelle n'eſt pas
un état valétudinaire perpétuel, auquel
l'homme ſeroit malheureuſement aſſujet-
ti ; & nous ne ſommes malades que lorſqu'une partie de notre corps ſe trouve
attaquée ou endommagée extraordinairement, de façon que les opérations naturelles & les fonctions que doivent faire
nos différens organes ſont ou ſuſpendues
ou détruites.

§. V. Quand on conſidere encore le
nombre immenſe de parties & de reſſorts
dont le corps humain eſt compoſé, leur
petiteſſe, leur délicateſſe, leur fragilité,
leur uſage, on ne ſauroit s'empêcher de
faire les trois réflexions ſuivantes. Premiérement, on ne peut s'empêcher d'admirer l'art tout-puiſſant du Créateur,
& l'on eſt tenté de s'écrier en imitant
Virgile, *Tantum erat molis humanam
condere gentem !* Secondement, on doit
s'étonner que des corps ſi compoſés & ſi
fragiles ſe ſoutiennent ſi long-temps, qu'il
n'y ait pas à tout moment quelque petite
partie, quelque reſſort déchiré, endom-
magé ou détruit, & que par conſéquent
les maladies ne ſoient pas plus fréquentes.
En troiſieme lieu, on doit admirer avec

reconnoissance, la patience infatigable,
la sagacité & l'application des habiles
Médecins dans tous les âges, qui se sont
évertués à connoître les maladies & les
marques auxquelles on les reconnoît,
leurs différences, le siege de chaque maladie; à réduire tout cela en un systême
régulier sous le nom de Pathologie, &
à donner ainsi à leurs successeurs des fondemens solides, sur lesquels ils pussent
bâtir leurs propres & nouvelles découvertes.

§. VI. On subdivise encore la Pathologie en *Nosologie*, qui est cette partie
de la Médecine qui traite de la nature,
du siege, de la différence & des effets
des maladies; & en *Etiologie* (ou *Aitio-
logie*) qui enseigne les différentes causes
des maladies. Nous ne parlerons pas ici
de la Sémiotique ou doctrine des symptômes, parce qu'elle forme une science
à part, qui par son importance & son
étendue mérite d'être expliquée séparément.

§. VII. La Pathologie ne s'occupe donc
que de maladies, & la Nosologie cherche le lieu de leur résidence, &c. Elle
distingue pour cet effet, 1°. les maladies
extérieures d'avec les *intérieures*. Les intérieures ou internes, 2°. résident ou
dans les parties nobles & solides, qui

toutes font fujettes à être attaquées en diverfes manieres ; ou dans les liquides , comme dans le fuc des nerfs , dans les fucs nourriciers , dans la lymphe , dans le fang.

§. VIII. Comme notre vie & notre fanté dépendent en grande partie de la circulation réguliere du fang & de tous les fucs néceffaires à l'entretien & à l'action de chaque partie , il eft évident que tous les vaiffeaux ou conduits par lefquels ces liquides coulent & fe répandent dans tout le corps humain , ne doivent jamais être bouchés par des corps étrangers ; mais comme ils font très-fujets à l'être par leur extrême petiteffe & délicateffe , nous voyons tant de maladies dont la caufe gît dans les obftructions de ces vaiffeaux , & conduits de quelque vifcere. Car il n'eft pas befoin qu'une partie des inteftins foit abfolument détruite ou confidérablement endommagée pour caufer des maladies , il fuffit ou qu'elle ait des obftructions , ou qu'une efpece d'atonie frappe fes fibres , fes mufcles, fes vaiffeaux , que leur jeu , leur reffort , leur action foient interrompus , que chaque vifcere enfin ne faffe plus fes fonctions ; voilà d'abord vingt infirmités , vingt maladies différentes qui en font la fuite , & que la Nofologie doit expliquer.

§. IX. Ces obstructions sont aussi presque toujours la cause des maladies dont les effets se manifestent sur l'ame, comme par exemple de la mélancolie, hypocondrie, &c. Lorsque la rate est bien désopilée, qu'il ne se trouve point d'obstructions dans le foie ni dans aucune des parties essentielles du corps humain, ces maladies sont guéries, ou ne sauroient survenir.

§. X. Quand la Nosologie a fait connoître la nature & le siege d'une maladie, l'Ethiologie en recherche la cause ; elle trouve tantôt cette cause dans une malheureuse succession ou héritage des infirmités, comme chez les goutteux, les poitrinaires, les mélancoliques. Tantôt dans un vice dans la construction des intestins ; tantôt dans un dérangement ou désordre de l'ame ; tantôt dans la trop grande abondance des humeurs, à quoi elle rapporte la Pléthore & tout ce qui en dérive ; tantôt dans la mauvaise qualité des liquides & dans les humeurs peccantes ; tantôt dans des mouvemens irréguliers & nuisibles du tempérament ; tantôt & très-souvent dans un défaut de régime ; tantôt dans les propriétés naturelles de chaque sexe ; tantôt dans l'amour & ses effets, & tantôt dans une infinité d'autres sources.

§. XI. Comme la connoissance des

maladies est sans contredit la principale
& la plus difficile partie de la Médecine,
& que le malade est ordinairement à moi-
tié guéri lorsque son Esculape ne se trompe point sur la nature & le siege de son
mal ; il faut convenir qu'une réflexion
sérieuse & suivie sur cette matiere, une
application extrême, une grande expérience, une lecture assidue des observations qu'ont fait des Médecins habiles,
comme on en trouve par exemple dans
les *Opuscules de Sydenham*, dans les
Dissertations de *Stahl de observationibus
medicis in historia morborum*, dans les
Ouvrages de *Boerhaave*, dans les *Tables
Pathologico-Therapeutiques du D. Wedel*,
dans les *Institutions de Médecine de Hoffmann*, dans les *Pathologies de Stahl, de
Helmont, de Sylvius, de Cornelius Bon-
tekoe*, & d'une infinité d'autres savans
Médecins, de l'énumération desquels on
ne prétend pas grossir cet ouvrage ; il faut
convenir, dis-je, que cette étude, ces
méditations profondes doivent fournir aux
Médecins des lumieres qui manquent au
reste des hommes, & justifier le précepte
de l'Ecclésiastique (*) sur l'honneur qui
est dû aux Eleves d'Hyppocrate, & sur
l'utilité de leur art.

(*) Livre de la Sagesse, Chap. XXXVIII. v. 1.

LIVRE PREMIER.

CHAPITRE XXX.

LA SÉMIOTIQUE.

§. I.

NOus l'avons déjà dit, la Sémiotique ou l'indicative eſt l'art de connoître par les ſymptômes extérieurs ce qui ſe paſſe dans l'intérieur du corps humain, & cette importante partie de la Médecine traite par conſéquent des ſignes & des indications des maladies. Son nom même, qui eſt grec, & qui dérive d'un autre mot grec ſignifiant *ſigne, indice, indication,* le prouve aſſez.

§. II. Les fondemens ſur leſquels repoſe cette ſcience ſont, 1°. la vue ou l'aſpect du malade. L'expérience donne aux habiles Médecins un coup d'œil juſte, & quelquefois infaillible à cet égard. Il y a d'ailleurs beaucoup de maladies qui ſe répandent juſques dans l'épiderme, & ſur tout

l'extérieur de l'homme, comme la jau-
nisse, la pourpre. L'œil du malade trahit
ce qui se passe au dedans de lui ; les levres,
la langue, les traits du visage, tout concourt à éclairer le Médecin, qui doit être
meilleur physionomiste que nul autre.

§. III. 2°. L'histoire de la Maladie, que
le Médecin doit entendre de la bouche du
malade même, ou du moins de quelqu'un
des assistans qui en est instruit. La moindre
circonstance oubliée ou changée fait ici
des altérations considérables, vu que ce
n'est que sur les symptômes qu'on peut
faire une indication juste. On est absous
comme on confesse.

§. IV. 3°. Le pouls est le barometre de
la santé. Ses battemens plus ou moins
lents, plus ou moins rapides, plus ou
moins réitérés, plus ou moins forts, plus
ou moins foibles, prouvent le degré d'activité, de lenteur ou de vîtesse de la circulation du sang. L'égalité ou l'inégalité
de ces battemens dénotent la fievre. Les
fievres violentes, décidées, éphemeres,
périodiques ou continues, se manifestent
par le simple tâtonnement ou attouchement aux moins experts ; mais il est des
fievres lentes, étiques, presque imperceptibles, qui dérivent d'un petit ulcere,
d'un léger endommagement du poumon,
qui se cachent quelquefois à des Médecins.

habiles, & il faut avoir le tact très-fin, très-subtil pour les reconnoître.

§. V. 4°. L'urine fournit encore beaucoup d'indices sur l'état de la maladie, sur ses progrès, sa crise & sa décadence. Loin d'ici la charlatanerie de ces empiriques qui prétendent voir dans ce liquide évacué, clair, comme à travers d'un cristal, la nature & le siege de chaque indisposition, & qui en imposent au vulgaire par un air grave, suffisant & mystérieux, avec lequel ils font l'inspection d'un urinal ; mais comme la séparation du sang & des autres sucs & liquides se manifeste assez clairement dans l'urine, il est certain qu'un Médecin expert en peut tirer souvent de très-bons indices.

§. VI. 5°. Le sang coagulé après une saignée peut faire faire encore de très-utiles observations. On reconnoît très-clairement sa substance, & souvent même toutes ses mauvaises qualités. Toutes ses inflammations y sont visibles. Il est souvent couenneux, glaireux, surmonté d'une pellicule inflammatoire, verdâtre. Ce qui dans les esquinancies, pleurésies, pulmonies, & dans une infinité de maladies semblables, donne de grandes lumieres au Médecin.

§. VII. 6°. Les excrémens, la sueur, le crachement, & en un mot toutes les évacuations servent encore d'indices des maladies, de leurs progrès ou de leur amandement. 7°. La respiration, le sommeil tranquille ou agité, le ton de voix, la présence d'esprit du malade & une infinité de symptômes pareils doivent tous guider le Médecin dans son indication; il n'en doit négliger aucun, mais de leur réunion former son système, & toujours non-seulement consulter la nature, mais la suivre aussi dans ses diverses opérations & tous ses changemens.

§. VIII. 8°. Il est évident que dans la Sémiotique, le coup d'œil, le raisonnement, & sur-tout la grande expérience, font le plus grand ouvrage. Cependant il est des guides qui conduisent même les jeunes Médecins dans cette carriere. Leurs habiles devanciers dans tous les siecles ont laissé des monumens précieux de leurs observations, & nous trouvons dans les anciens aussi-bien que dans quelques modernes célebres des descriptions si exactes & si détaillées de la plupart des maladies, ainsi que de leurs symptômes, qu'on ne sauroit assez admirer leurs travaux, ni reconnoître leur sagacité & leur expérience. La plus grande partie des indications des maladies connues se trouvent rapportées dans le Traité du *Docteur Bohn de Officio Medici clinici*, en différens chapitres , & elles font fondées fur une longue pratique.

§. IX. Le titre de ce livre nous rappelle ici un inftitut admirable de l'Univerfité de Halle , auquel la maifon des Orphelins de cette ville fondée par le célebre Docteur Franck, a donné lieu , & qu'elle feule peut foutenir. La pharmacie de cette maifon , la plus complette & la mieux fournie de l'Europe entiere , donne aux pauvres malades de la ville & des environs tous les plus excellens médicamens *gratis* ; mais ces malades font obligés, ou de comparoître en perfonne , ou d'envoyer quelqu'un qui foit parfaitement inftruit de l'hiftoire & de l'état actuel de leur maladie , & à même d'en rendre compte dans l'auditoire d'un très-habile Profeffeur en Médecine , à une heure réglée. C'eft là qu'eft raffemblée la foule des éleves d'Hyppocrate qui rempliffent les bancs de l'amphithéâtre , tandis que le Profeffeur fe tient en bas pour interroger les malades , ou ceux qui font envoyés de leur part. Après avoir appris de leur bouche l'hiftoire , l'état actuel & les fymptômes de la maladie , le Profeffeur demande à l'affemblée : *Meffieurs , quel eft le nom & la nature de cette maladie ?* Si un des étudians faifit la vérité & répond jufte , il obtient des éloges ; s'il se trompe , son opinion est rectifiée ; si personne ne répond , le Professeur explique la maladie & en développe les raisons. Il demande ensuite quels sont les remedes convenables. Les étudians prescrivent des ordonnances qu'il examine, analyse, rejette ou approuve , en expliquant toujours les raisons qui le font penser & agir comme il fait. L'ordonnance est donnée ensuite au malade ou à son mandataire , qui va prendre à la pharmacie les remedes prescrits sans en payer une obole. Si le malade est détenu au lit & que son mal paroisse dangereux , le Professeur détache deux étudians pour le visiter & lui rendre compte de l'état de la maladie. C'est ainsi qu'un jeune Esculape emporte de cette Université une pratique de deux mille malades au moins , qu'il a vus dans le cours d'une année , & cette premiere expérience est acquise sous les yeux & la conduite d'un guide consommé dans son art.

§. X. On comprendra aisément l'utilité infinie d'un pareil institut. Ce cours est appellé en terme de l'art *cours Clinique , collegium Clinicum* , mot qui dérive de l'ancien verbe latin *clinare* qu'on trouve dans Lucrece ; & le mot de clinique signifie aujourd'hui en Médecine

detenu au lit pour cauſe d'indiſpoſition.
En effet c'eſt au chevet du lit des malades que le Médecin acquiert l'art de
connoître les ſymptômes & de juger ſai-
nement par les indices extérieures de
l'état intérieur de chaque maladie, la
nature n'ayant pas placé des lucarnes au
corps humain.

§. XI. C'eſt auſſi pourquoi il ne faut
pas s'imaginer que tous les ſignes, tous
les indices, tous les ſymptômes ſoient
infaillibles. Il y a des maladies équivoques, que les plus grands Médecins nomment *morbi compoſiti, mixti, corrupti,*
& ſur leſquelles les plus habiles ſont ſujets
à prendre le change. Les ſignes mêmes
ſont d'ailleurs ſouvent ſi équivoques ou
ſi compliqués, ſi contradictoires, ſi va-
riés, qu'il faudroit une ſagacité plus
qu'humaine pour ne jamais s'y tromper.
On prétend cependant que le célebre
Boerhaave, ce véritablement grand
homme, ne s'eſt trompé totalement à
cet égard que trois fois dans une pratique
de 40 ans. Le fait eſt à peine croyable.

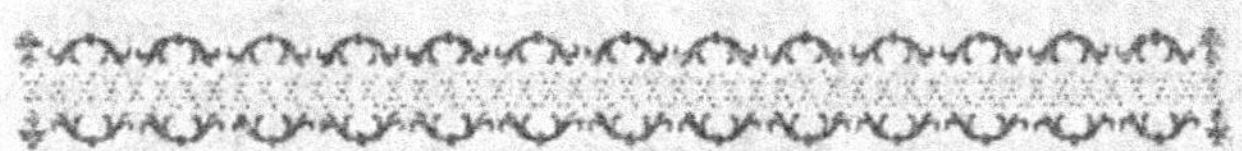

LIVRE PREMIER.

CHAPITRE XXXI.

LA THÉRAPEUTIQUE.

§. I.

CE seroit peu que de connoître l'état du corps humain, soit en santé, soit dans ses dérangemens, si le Médecin ne s'appliquoit à apprendre l'art de le guérir. C'est la partie sans contredit la plus importante de sa science & même celle où aboutissent toutes les autres. *Hic Rhodus, hic salta.* La doctrine qui enseigne cet art est nommée *Thérapeutique.* Elle s'occupe à donner des regles pour *prévenir les maladies & pour les guérir ;* elle cherche les remedes & apprend à les appliquer convenablement, à propos, & avec efficace.

§. II. La Thérapeutique ou Thérapie est donc un art de pratique, qui s'exerce sur les malades mêmes. C'est la raison pourquoi quelques Auteurs la défignent par le nom de *Praxis medica*, & la divifent en *Thérapie* & *Chirurgie*, comprenant fous la premiere la maniere de traiter les maladies internes, & fous la feconde celle de guérir les parties externes qui font endommagées. Mais nous aurons occafion de traiter de la Chirurgie & des accouchemens, après que nous aurons achevé l'analyfe de toutes les parties de la Médecine en particulier.

§. III. Qui ne voit que la Thérapeutique eft l'écueil ordinaire contre lequel échouent la plupart des jeunes Médecins? L'amour propre, la confiance trompeufe qu'on met en fon favoir, acquis par tant de veilles, les thefes qu'on a foutenues fi victorieufement *pro gradu doctorali*, les applaudiffemens qu'on a obtenus de fes profeffeurs & de fes compagnons d'étude, le bonnet doctoral dont on fe trouve décoré, tout cela infpire aux jeunes Docteurs un courage fouvent téméraire & fatal à la fociété. Pilotes qui n'ont appris la théorie de l'art de la navigation que dans les écoles, ils fe hafardent fur une mer orageufe, ils conduifent le navire fur le principe de leur fcience, ils confultent les aftres, ils fuivent les vents, ils confiderent tout ce qui eft au-deffus d'eux & ce qui les invironne ; mais ils n'apperçoivent point les bancs & les écueils que l'onde couvre, ils font naufrage à chaque inftant. Ce n'eft qu'à force d'erreurs, qu'à force d'avoir dépeuplé la terre & peuplé le ciel ou l'enfer, qu'ils apprennent la Thérapeutique. Que faire néanmoins ? Après qu'on a achevé fes études, il faut bien commencer par les mettre en pratique. Malheur à ceux qui en font les premieres victimes ! Le Médecin fage s'examine, devient fon propre Ariftarque, voit fi les fciences qu'il a acquis font folides, tend tous les refforts de fon efprit, redouble toute fon attention, s'embarque & vogue fans ceffe la fonde à la main. Il a de la confcience, de l'honneur, de l'ambition.

§. IV. Après avoir mis en ufage tous les préceptes de la Pathologie & de la Sémiotique, il commence par faire une jufte indication & fe forme un fyftême raifonnable fur la caufe, le fiege & la nature de la maladie. Il afservit fon malade à un régime convenable à fon état, il examine les alimens qu'il peut prendre, le lieu qu'il habite, le lit fur lequel il repofe, le vêtement qui le couvre, l'air qu'il refpire, & toutes ces chofes prifes enfemble concourent plus qu'on ne penfe à l'efficace des remedes & à la convalefcence

cence du patient. Dans les maladies par
exemple qui attaquent la peau, comme
petite vérole, rougeole, pourpres, &c.
on chauffoit autrefois les appartemens à
l'excès, & on étouffoit tous les malades.
La plus triste expérience a fait revenir de
cette erreur.

§. V. La tranquillité de l'ame d'un
malade contribue encore infiniment à sa
guérison. Le Médecin emploie tout l'art
de la persuasion à le calmer, à l'exhor-
ter à la patience, & ne lui fait jamais
entrevoir tout le danger; il lui laisse l'espérance & tâche de lui procurer le tranquille sommeil, qui sont les deux plus
grandes consolations dans tous nos maux.

§. VI. L'examen du tempérament ou
de la constitution naturelle du malade est
un point des plus essentiels dans la cure.
Un corps robuste & vigoureux veut être
traité tout différemment qu'un corps dé-
licat & foible. Une Dame de cour, un
homme d'étude ne sauroit soutenir une
cure à l'égal d'une vivandiere, d'un soldat, d'un paysan, d'un manant. C'est
ici qu'un bon jugement doit guider l'Esculape.

§. VII. Quand à l'aide de la Sémiotique & de la Pathologie, le Médecin aura
connu la maladie dont on lui demande la
guérison, il doit chercher à découvrir si

cette maladie n'eſt pas incurable ou mortelle, ſi les parties du corps ne ſont pas tellement attaquées ou même déjà détruites,
que tous les efforts de la nature & de l'art
ſoient vains & inutiles ; auquel cas on ne
ſauroit refuſer au patient pour ſa conſolation des remedes adouciſſans & palliatifs,
attendant au reſte l'iſſue de la choſe de la
providence, & quelquefois d'un accident
imprévu, d'une eſpece de miracle.

§. VIII. Mais lorſqu'on a lieu de con-
cevoir une eſpérance de guériſon, c'eſt
alors qu'il convient d'employer les remedes les plus efficaces & de ſe former un
bon plan ſur *la méthode de la cure*. C'eſt,
hélas ! cette méthode qui fait prendre ſi
ſouvent aux pauvres mortels le chemin
de l'empirée bien plutôt que la nature ne
les y auroit conduits par le déclin inſen-
ſible du tempérament & des forces. Les
héritiers & le Médecin ſe conſolent,
pourvu que le malade ſoit mort dans les
regles, c'eſt-à-dire *méthodiquement*. Il y
a mille cas néanmoins où il convenoit de
ne point s'opiniâtrer à ſuivre une méthode fixe, mais à conſulter la nature,
comme nous l'avons déjà inſinué au
chapitre de la Médecine en général, &
comme nous ne ſaurions aſſez le répéter.
Il y a mille cas où l'on peut dire avec
Moliere, *Hypocrate dit ouï, mais Galien*

dit non, & où le Médecin est très-embarrassé sur le parti qu'il doit prendre dans la méthode de la cure. Cependant les plus sages & les plus habiles Praticiens ont transmis à leurs successeurs des regles à cet égard, dont nous allons indiquer quelques-unes qui nous paroissent les plus universelles & les plus fondées sur la raison & le bon sens naturel.

§. IX. La premiere de ces regles est que le Médecin ne doit jamais perdre de vue le chemin que la nature lui indique, & tantôt varier les médicamens sur les révolutions & les symptômes que la nature offre tous les jours ; tantôt même ne point donner de remedes du tout, mais laisser agir la nature seule selon son cours naturel ; tantôt au contraire ne point se laisser détourner de son chemin lorsque la cure commencée n'opere pas d'abord les effets qu'on en attendoit, mais réitérer pendant quelque temps au moins les remedes qu'on a donnés, & en attendre le succès de la continuation même, du temps & de la patience.

§. X. 2°. La méthode des cures ne doit pas être trop longue, & il ne faut pas mettre un malade à la torture, ni énerver tout son tempérament pour vouloir guérir une maladie, un accident, une indifposition. 3°. Le Médecin en faifant choix des remedes qu'il croit les plus convenables, doit toujours s'imprimer que ces remedes, en entrant dans l'eftomac, viennent dans un autre monde, & qu'ils ne produifent pas dans le corps humain les mêmes effets qu'ils operent hors du corps humain. Une drogue diffolvante, corrofive, &c. n'eft pas toujours diffolvante, corrofive, &c. dans les inteftins, où elle eft dénaturée, où fon action eft affoiblie, où fes pointes font émouffées par la chaleur, par le jeu des vifceres, par les glaires & liquides qui l'enveloppent d'abord, & ainfi du refte. 4°. Que les parties où refide le mal font fouvent fi éloignées de l'eftomac & des premieres voies, & que les canaux qui y conduifent font fi déliés, fi fubtils & fi délicats, que les remedes ou ne fauroient y atteindre ou qu'ils y parviennent dénaturés, & ne produifent pas par conféquent l'effet qu'on en attendoit. 5°. Qu'il faut toujours confidérer l'eftomac comme la premiere piece du corps humain où tous les fucs & liquides fe préparent & font difpenfés & envoyés à chaque partie du corps humain felon fes befoins. 6°. Que par conféquent dans toutes les maladies quelconques il eft toujours avantageux d'évacuer

& de nettoyer légérement l'eſtomac &
les premieres voïes, afin que ces diſti-
lations, cette digeſtion, ces fonctions
puiſſent ſe faire réguliérement. 7°. Que
les cauſes des maladies réſident rarement
dans les parties même où elles font leurs
ravages, & que par exemple il arrive
ſouvent qu'une obſtruction dans les
boyaux ſoit la ſource d'une apoplexie,
&c. 8°. Qu'il faut tantôt affoiblir &
tantôt roborer le tempérament, tantôt
diminuer & tantôt augmenter l'activité
de la nature. 9°. Qu'il n'eſt pas judicieux
de donner trop de remedes, ni des remedes trop compoſés, & que le proverbe
quò majores receptæ, eò minores virtutes
ſe vérifie très-ſouvent.

§. XI. Au reſte toutes les relations
qu'on a de l'hiſtoire des maladies, des
bons ou des mauvais ſuccès des médicamens que les Médecins ont employés
pour les guérir, des effets ſalutaires ou
nuiſibles qu'ont produits les différentes
méthodes de leurs cures, font autant de
leçons thérapeutiques pour les Médecins.
On trouve d'ailleurs une infinité d'ouvrages qui ont traité cette matiere à fond
& dans toute ſon univerſalité, comme
*Fernelli therapeutica univerſalis, Sennerti
Medicina practica*, &c. &c. ou qui en
ont développé quelques parties, comme

l'illuftre *Boerhaave* dans fes *aphorifmes*, &c.

§. XII. Nous l'avons déjà dit , malgré toute la fcience théorétique la plus folide, malgré la pratique la plus vafte, la plus réfléchie, la plus confommée , l'art du Médecin échoue fouvent contre la nature & fes lois. On ne fauroit rendre les humains immortels , ni toujours bien portans. *Non eft in Medico femper relevetur ut æger.*

LIVRE PREMIER.

CHAPITRE XXXII.

LA MATIERE MÉDICALE ou *Médicamentaire.*

§. I.

SI la sagesse du Créateur a jugé à propos d'affliger le genre humain par une foule innombrable de maladies, sa bonté en revanche lui a fourni dans tous les trois regnes de la nature une quantité infinie de remedes divers contre les mots qui l'affiegent. Les animaux, les plantes, les minéraux, les pierres, les fossiles, tout en un mot concourt à produire quelque médicament salutaire à l'homme dans ses infirmités & dans les dérangemens de sa santé. Le nombre de ces remedes est si immense que la mémoire la plus prodigieuse n'en sauroit retenir tous les noms. Il a fallu d'ailleurs, non pas des fiecles, mais des milliers d'années d'étude & d'obſervations pour découvrir les vertus de chaque plante, de chaque minéral & de chaque médicament. Il a fallu le concours de pluſieurs ſciences & de pluſieurs arts pour approfondir la nature & les propriétés de tous les corps qui compoſent l'Univers, pour les décompoſer, pour reconnoître les effets qui réſultent de leur mélange & ceux qu'ils operent ſur le corps humain. Il faut encore beaucoup de connoiſſances & beaucoup de réflexion, pour juger quelles ſont les particules qui entrent dans la compoſition de chaque corps, s'ils contiennent par exemple des parties de ſoufre, de nitre, de ſel, d'acier, d'huile, d'acide, d'alcali, &c. & pour diſcerner quel remede eſt applicable & peut produire les effets les plus ſalutaires à chaque eſpece de maladie. La ſcience de toutes ces choſes, le ſyſtême général de tous les remedes poſſibles pris dans les trois regnes de la nature, eſt compris dans la Médecine ſous la dénomination latine de *Materia medica*, ou matiere médicale ou médicamentaire, ou médicinale; les Dictionnaires n'étant pas d'accord ſur l'uſage de cet adjectif.

§. II. *Les obſervations* des plus habiles Médecins & Naturaliſtes de tous les fiecles, *la Botanique* ou la connoiſſance des plantes, *la Chymie* ou l'art de décompoſer tous les corps, & *la Pharmacie* ou l'art de préparer les remedes, ſont les fondemens, les guides & les appuis de la matiere médicinale. Les trois chapitres ſuivans ſerviront donc à répandre du jour ſur cette matiere, & nous croyons ne pas devoir anticiper ſur les réflexions qui en peuvent naître pour éviter autant que poſſible les répétitions, & pour ne pas confondre les objets.

§. III. Mais à l'égard de la matiere médicinale en général, qui eſt la doctrine qui réſulte des obſervations botaniques, chymiques, pharmaceutiques & pratiques, nous remarquerons ſimplement que depuis Hyppocrate, Théophraſte, Paracelſe, Galien & les célebres Médecins de l'antiquité juſqu'à nos jours, les plus grands hommes de cet art nous ont laiſſé des monumens infiniment précieux de leurs obſervations ſur les propriétés, les vertus naturelles & les effets des médicamens & remedes, & que plus on étudiera leurs ouvrages, plus on s'enrichira de leurs découvertes, plus on s'appropriera leurs travaux ingénieux, plus on acquerra des connoiſſances ſur l'emploi des remedes les plus efficaces à chaque maladie.

§. IV. Secondement il faut distinguer tous les remedes en *simples* & *composés*. On doit commencer par apprendre à connoître les simples & leurs vertus, après quoi on procede à l'étude des composés & des effets qu'ils operent. Il y a ici deux écueils à éviter, l'incrédulité & la trop grande crédulité. Il s'en faut de beaucoup que la Physique, aidée de l'Optique, de la Chimie & de tous les arts qui concourent à la perfectionner, ait découvert encore toutes les propriétés & toutes les vertus de tous les corps. Quand même on ne connoîtroit donc pas les vertus d'un médicament, ou qu'on ne feroit pas en état d'en démontrer *à priori* l'efficace, on n'est pas fondé à le rejeter absolument, & il suffit de l'assertion & du témoignage des plus habiles Médecins anciens & modernes, confirmés par l'expérience journaliere, pour l'employer quelquefois au besoin. D'un autre côté c'est une foiblesse d'esprit extrême de se fier aux rapports trompeurs des empiriques & des charlatans qui attribuent à leurs drogues & à de certains médicamens favoris mille vertus, mille qualités chimériques. Le jugement doit faire tenir un juste milieu entre ces deux écueils & guider le Médecin dans toute sa carriere qui est souvent, il faut l'avouer, enveloppée de ténebres, & dans laquelle il ne marche pas toujours au flambeau de l'évidence, étant obligé d'agir avec des remedes dont il eſt impoſſible à tout mortel de connoìtre toutes les propriétés contre des maladies qu'il ne voit point, & qu'il ne connoît que par leurs ſymptômes.

§. V. Peut-être ne trouverons-nous pas de place plus convenable pour parler *des cures ſympathiques.* Celles dont on entend parler tous les jours ſont des fables indignes d'occuper des eſprits capables de raiſonnement. La ſympathie en général priſe dans le ſens ordinaire, eſt la plus grande chimere que le fanatiſme a pu imaginer. Croire qu'on puiſſe opérer des effets ſans cauſe, ou croire qu'un corps puiſſe agir ſur un autre corps à une très-grande diſtance, quand leur action réciproque ne ſauroit plus avoir lieu, ou que les particules qui peuvent s'en détacher ne ſauroient plus ſe rencontrer par le vaſte éloignement, mais qu'en un mot toute communication directe eſt interrompue entre eux, s'imaginer enfin que la Toute-puiſſance divine faſſe dans chaque effet, dans chaque cure ſympathique un miracle à la requiſition du charlatan, comme il faut néceſſairement le ſuppoſer, c'eſt ſe mettre dans l'eſprit une extravagance bien honteuſe.

§. VI. Mais puisqu'il est certain, comme nous venons de l'observer tout-à-l'heure, que la meilleure physique ne connoît pas toutes les qualités, les vertus & les effets des corps divers, ni leur action & réaction réciproque, le hasard peut faire découvrir des effets dont la cause nous est totalement cachée ; & lorsque par conséquent la communication entre un corps qui agit & un autre corps sur lequel il agit, n'est pas entiérement interrompue , nous pouvons voir des phénomenes & des effets bien surprenans dans la nature sans pouvoir en démêler le principe. Cette espece de sympathie est très-possible ; ce n'est qu'une opération naturelle dont la cause & les ressorts nous sont cachés , faute de bons yeux & de sens délicats capables de nous les faire appercevoir. Mais on voit aussi combien ces sortes de cures sont incertaines, par le défaut même de la connoissance de leur principe. Le plus petit changement imperceptible dans la nature ou dans la position de deux corps altere naturellement ces effets , & cette incertitude rend les cures sympathiques à-peu-près égales à la chimere.

§. VII. Revenons encore à quelque chose d'un peu plus réel. Comme nous ne connoissons pas en théorie la compoſition de toutes les parties de chaque corps, ni l'effet que chaque corps produit ſur chaque autre corps, ni la maniere dont ces effets ſont produits, il eſt preſque moralement impoſſible que nous puiſſions connoître & démontrer *à priori* les vertus & les effets de chaque remede, & par conſéquent il faut s'en tenir, comme nous l'avons dit dans la Doctrine de la matiere médicale, aux obſervations de nos prédéceſſeurs & juger des remedes *à poſteriori*. Ce n'eſt pas néanmoins que dans cette matiere tout ſoit empirique & fondé ſur la ſeule expérience ; car il y a une infinité de médicamens dont on peut prouver la vertu par des raiſons phyſiques. C'eſt ainſi par exemple que le mercure opere par ſon poids ſpécifique, l'antimoine ou le tartre éméthique par la configuration de ſes parties, de ſes pointes ; d'autres remedes par leur cauſticité, d'autres par leurs parties huileuſes & balſamiques, & ainſi du reſte ; mais il n'en eſt pas de même de tous les médicamens, & ſur-tout de ceux qui ſont fort compoſés.

Fin du Tome premier.

TABLE DES CHAPITRES

Contenus dans ce Volume.

PENSÉES

Sur l'Érudition en général, servant d'introduction à tout l'Ouvrage.

Fin de la Table du Tome premier.